LE SENS DU DESTIN

BIBLIOTHÈQUE DES TEXTES PHILOSOPHIQUES

Fondateur H. GOUHIER   Directeur J.-F. COURTINE

ARTHUR SCHOPENHAUER

LE SENS DU DESTIN

SPÉCULATION TRANSCENDANTE
SUR L'INTENTIONNALITÉ APPARENTE
DANS LE DESTIN DE L'INDIVIDU
(extrait de *Parerga*)

DE L'ÉTHIQUE
(extrait de *Paralipomena*)

Introduction, traduction et notes
par
Marie-José PERNIN-SÉGISSEMENT

PARIS
LIBRAIRIE PHILOSOPHIQUE J. VRIN
6, Place de la Sorbonne, V ͤ
2009

© *Librairie Philosophique J. VRIN,* 2009

Imprimé en France

ISSN 0249-7972

ISBN 978-2-7116-1976-4

www.vrin.fr

INTRODUCTION

En 1851 paraissent en deux tomes les *Parerga et Paralipomena* chez A.W. Hayn à Berlin, plus de trente ans après la publication de *Le Monde comme volonté et comme représentation*. On pourrait être tenté de négliger quelque peu l'importance des *Parerga et Paralipomena*, de considérer, comme leur nom pourrait inciter à le faire, que ces considérations « annexes » sont négligeables par rapport à l'œuvre fondamentale de Schopenhauer : *Le Monde*. Il faut cependant noter que Schopenhauer les appelait ses « œuvres mêlées » (Lettres à Frauenstädt du 2 mars 1849 et du 16 septembre 1850), il annonçait également dans la première de ces lettres son intention de déposer la plume après cet ouvrage, ce qui nous indique qu'il le considérait comme le parachèvement de son œuvre. Le philosophe travaille à la composition de cet ouvrage pendant six années (1844-1850), y consacrant quotidiennement les deux meilleures heures de la matinée ; mais il note lui-même, dans une de ces lettres, qu'il faut également prendre en compte plus de trente années antérieures de préparation : trente-deux, d'après la lettre du 23 octobre 1850 au même « disciple », où il exprime sa joie de recevoir enfin le contrat de publication passé avec Hayn, après les pourparlers avec ce dernier, et, bien sûr, après les refus essuyés auprès de la librairie Hermann de Francfort, auprès de Brockhaus et de la librairie Dietrich de Goettingen pour des propositions de publication même sans honoraires. Il y écrit ceci :

> Je suis réellement heureux d'avoir vécu assez pour assister à la naissance de mon dernier enfant : maintenant je considère ma mission en ce monde comme terminée. Me voilà délivré d'un poids que je portais depuis ma vingt-quatrième année, et qui pesait lourdement sur mes épaules. On ne peut se figurer ce que c'est [1].

Il apparaît clairement d'abord que Schopenhauer a conscience d'avoir accompli une œuvre originale (il la qualifie de « *novissimum opus* » dans la lettre à Becker du 3 décembre 1851); ensuite qu'il ne sépare pas du tout la création des *Parerga et Paralipomena* de l'accomplissement total de son œuvre.

Certes Schopenhauer y reprend beaucoup de thèmes et de références littéraires et philosophiques antérieurs, mais il ne s'agit pas seulement d'une répétition. Comme Beck, l'étudiant de Francfort qui lui avait fait remettre un bouquet d'anniversaire le 22 février 1857, déclarait avoir déjà lu *Le Monde*, Schopenhauer lui répondit qu'il devait lire tous ses ouvrages :

> il faut que vous lisiez chaque ligne, je ne me suis jamais répété ; j'ai quelquefois traité une question par ses différents aspects et dans des développements métaphysiques un peu ardus, j'ai tâché de me faire comprendre par une extrême clarté du style, et quelquefois par une image [2].

Cette « extrême clarté du style » a certainement contribué au succès de l'ouvrage comme l'emploi de l'image a facilité

---

1. A. Bossert, *Schopenhauer et ses disciples*, Paris, Hachette, 1920, p. 150.

2. *Op. cit.*, p. 60, d'après E. Grisebach, *Schopenhauer's Gespräche*, Berlin, 1898.

l'accès d'un large public aux thèmes philosophiques traités par Schopenhauer. Nous parlerons ultérieurement du rapport entre l'emploi de l'image et les développements métaphysiques «les plus ardus». En tout cas, d'après ces lignes, *Parerga et Paralipomena* complètent les ouvrages antérieurs : d'après le projet de préface rédigé par Schopenhauer en 1845 (*SW*, p. 595[3]), les *Parerga et Paralipomena* traitent d'objets «subordonnés» qui présupposent donc la connaissance préalable de sa philosophie, ils sont offerts à ceux qui ont déjà applaudi ses livres antérieurs pour leur fournir des explications et même des éclaircissements rétrospectifs sur les objets principaux, bien qu'ils restent compréhensibles pour ceux qui n'auraient pas une telle connaissance ; il est de ce point de vue assez étrange de constater que ce fut justement la lecture des *Parerga et Paralipomena* qui fit connaître Schopenhauer et sa philosophie du grand public et le rendirent célèbre.

Il ne nous appartient évidemment pas, dans le cadre de ce travail limité, de traiter du rapport entre les *Parerga et Paralipomena* et l'œuvre philosophique antérieure de Schopenhauer. Qu'on nous permette cependant de rappeler que Schopenhauer estimait avoir trouvé la clef de l'énigme du monde permettant désormait d'en saisir le sens :

> Dans ma jeunesse, au temps où je terminais la première édition de *Le Monde comme volonté et comme représentation*, je voulais faire graver sur mon cachet un sphinx se précipitant dans l'abîme, car j'étais persuadé d'avoir résolu l'énigme du monde[4].

---

3. *Sämtliche Werke* (*SW*), *cf.* Notes sur la traduction, p. 63.

4. A. Bossert, *Schopenhauer et ses disciples*, *op. cit.*, *Conversations avec Frauenstädt*.

Dans *Le Monde* (p. 878), la même idée est présente : « L'ensemble de l'expérience ressemble à une écriture chiffrée ; la philosophie en sera le déchiffrement ». Ainsi la philosophie, recherchant l'alphabet du monde à partir de l'expérience des phénomènes qui nous en fournit les mots, est à même de nous dire le sens du monde : le monde est la manifestation et la représentation de la volonté qui, elle, est « *grundlos* », sans raison d'être. Il n'est donc pas étonnant que le philosophe n'ait pas cessé de poursuivre ses investigations dans tous les secteurs de l'expérience les plus variés, afin de vérifier la cohérence de sa « traduction » (*ibid.*), élucidant ainsi progressivement le sens de toutes les expériences possibles. Ceci commandait une ouverture de la philosophie dans le sens de l'extension : d'où la diversité des sujets abordés dans les *Paralipomena*, qui sont parfois même disparates. Le philosophe convenait lui-même du caractère illimité de cette extension ; « Après moi, disait-il, on pourra bien encore progresser en largeur, mais non en profondeur » (*Schopenhauer et ses disciples, Conversations avec Frauenstädt*). Les *Parerga et Paralipomena* sont donc le développement extensif de l'effort de traduction du sens du monde, poursuivi jusqu'aux limites incertaines des phénomènes les plus controversés, comme la vision des esprits et le magnétisme, où le philosophe croit trouver une confirmation empirique de sa thèse sur la toute-puissance et l'intemporalité de la Volonté.

Par voie de conséquence, les *Parerga et Paralipomena* ne possèdent pas une grande unité thématique, car les questions traitées sont moins reliées les unes aux autres qu'à leur centre commun : l'intuition du monde comme volonté et comme représentation. On dirait que Schopenhauer voulait encore multiplier les portes d'entrée dans la Thèbes aux cent portes, pour reprendre sa métaphore, il le reconnaît lui-même :

beaucoup de sujets traités sont trop « divers » pour prendre place dans une œuvre « systématique » (préface de 1850); d'autres sont arrivés trop tard pour y prendre place. Les deux titres adoptés, *Parerga et Paralipomena*, correspondant chacun à un livre distinct, se justifient dans la mesure où les essais des *Parerga* – dont la *Spéculation transcendante sur l'intentionnalité apparente dans le destin de l'individu* – ont plus d'autonomie que les chapitres des *Paralipomena* qui seraient en quelque sorte des « compléments de compléments » (projet de Préface de 1846), particulièrement (d'après le projet de Préface de 1845), les chapitres 1 à 14 des *Paralipomena* dont notre essai *De l'éthique* fait partie.

Mais grâce à la méthode analogique utilisée par Schopenhauer, on ne peut pas dire que les *Parerga et Paralipomena* – particulièrement les *Parerga* – correspondent seulement à un développement extensif de la doctrine. Avant la nuit, le philosophe réfléchit rétrospectivement sur le sens de son expérience personnelle temporelle qu'il tente de récapituler et de penser; cette expérience est indissolublement celle d'un homme et d'un philosophe :

> La plupart des livres durent peu, ceux-ci seuls vivent, où l'auteur s'est mis lui-même. Dans toutes les grandes œuvres on retrouve l'auteur. Dans mon œuvre à moi je me suis fourré tout entier, il faut qu'un écrivain soit le martyr de la cause qu'il défend comme je l'ai été [5].

À partir de cette adversité à laquelle se heurta sa carrière, il put élaborer quelques règles et maximes de sagesse – le « caractère acquis » – qu'il regroupe dans les *Aphorismes sur la sagesse dans la vie*, il n'est donc pas étonnant que dans ce retour

5. A. Bossert, *Schopenhauer et ses disciples*, *op. cit.*, p. 26.

réflexif sur l'expérience du cours de la vie, le destin de l'individu apparaisse comme l'objet d'une méditation particulière : *Spéculation transcendante sur l'intentionnalité apparente dans le destin de l'individu.*

Nous avons choisi de traduire *Spéculation transcendante sur l'intentionnalité apparente dans le destin de l'individu* des *Parerga* avec le chapitre VIII des *Paralipomena* intitulé *De l'Éthique* parce que ces deux textes traitent du destin et de la prédestination qui suscitent notre intérêt philosophique. L'unité du recueil est donc thématique. Le thème destinal rencontre de grandes questions philosophiques : la singularité de l'individu affronté aux autres en une déchirante communauté ; l'unité et la multiplicité de l'être, très sensible au point où l'individu est confronté à la mort. Ces deux questions comportent un enjeu indissociablement moral et métaphysique qui, à l'évidence, nous renvoie aux limites de la connaissance, de la logique, de la causalité, mais aussi du temps et de l'espace. L'interrogation se poursuit en retour sur la conscience et la possible méconnaissance de soi destinale.

De plus, le destin est au cœur de la philosophie de Schopenhauer parce qu'il est un philosophe du sens à qui tout fait *signe*. Le monde est pour lui un livre dont il cherche éperdument la signification. Pour cet idéaliste, la matière tire toute sa réalité de la fonction de support du signe, l'esprit de l'intention qui fait sens.

La lecture du sens est souvent aisée. La nature parle sans équivoque à notre regard. Le philosophe recueille les confidences naïves des plantes sur la sexualité. Sur la figure du chien (p. 128) et sur ses gambades et ses jeux (p. 134), il lit immédiatement l'expression sincère de la volonté de vivre. Il lui suffit de croiser le fil de l'expérience extérieure avec celui de l'expérience intérieure pour cette lecture du sens.

Mais les hommes, souvent masqués, tiennent un langage moins simple et plus secret. Leur être et leur conduite envoie des signes équivoques qui cachent les ruses de leur avidité : seul le marchand est sincère. La tromperie est générale. Pour faire apparaître le sens caché des signes du monde, le philosophe exerce l'art du *commentaire* et de l'*interprétation* où il excelle. Fidèle à la méthode linguistique, il prend en compte l'ensemble en supposant qu'il est déjà donné. Le point de vue est synchronique. Il lui faut parfois avoir recours à la traduction en supposant deux langues, deux plans de signification : par exemple le jeu du sens propre et du sens allégorique, plus imagé. C'est le cas pour les vérités religieuses. Dire que le dieu est présent dans le « cœur » signifie qu'il est la volonté de vivre. Il sera ainsi possible de rendre compte de certaines absurdités apparentes qui tiennent à ce que deux plans de signification ont interféré. On peut alors mieux comprendre l'énigme du péché originel et de la prédestination.

Les signes ne parlent pas seulement aux philosophes. À chacun disent quelque chose les événements les plus accidentels, même les plus petits, y compris ceux qui contrarient ses projets surtout s'ils insistent.

D'où et de qui viennent tous ces signes insistants, nullement variables, comme gravés, qui défient le temps en creusant davantage leur relief comme pour augmenter leur lisibilité ? Ils n'émanent pas d'une parole, d'un *logos* comme le verbe johannique dans lequel se maintient la présence de celui qui parle, rendant ainsi possible un dialogue mouvant qui ouvre une histoire comme dans les perspectives des trois religions du Livre. Il s'agit de signes fixés, des caractères d'une écriture, gravés sur les corps, les allures, les rythmes, etc. L'*auteur* de l'écriture en est par définition absent, il est définitivement retiré, de sorte que nous ne pouvons pas lui demander d'éclaircissement.

Cependant, il s'avère qu'à chacun le message parle de lui, même s'il s'agit de ce qui est le plus loin de lui : les autres, malheureux ou criminels, auxquels il s'identifie par son avidité démesurée, et même la matière au plus bas degré de l'objectivation, en tant qu'elle est mue par attraction et répulsion, ressemble à son vouloir affirmatif et négatif. Au terme du déchiffrement il pourra découvrir que l'auteur absent était peut-être aussi lui-même. La vérité ultime de ce retour en arrière n'est pourtant pas un vain bouclage, mais une réelle ouverture : un suspense. En effet, à l'heure de la mort où tous les signes du destin sont apparus de sorte que la phrase est complètement écrite pour chacun, le sens obscur et incertain, parfois équivoque, se lève. Chacun apprend qu'il a vécu ce qu'il a voulu en profondeur, qu'il était l'auteur. Alors, la liberté figée dans son acte peut être enfin ressaisie, et l'histoire reprendre ou ne pas reprendre.

SPÉCULATION TRANSCENDANTE SUR L'INTENTIONNALITÉ APPARENTE DANS LE DESTIN DE L'INDIVIDU

Le sens du destin

Sans doute n'y a-t-il aucune question aussi trouble que celle du sens de notre destin. Non seulement nous ignorons ce sens mais, de surcroît nous ne sommes même pas sûrs qu'il y en ait un. Tout ici est douteux, non seulement la solution mais encore le problème, remarque Schopenhauer dès le début.

Ce mot « sens » est très riche, peut-être trop. Il peut vouloir dire la direction, et Schopenhauer l'entend ainsi quand il parle de tendance [*Tendenz*], d'orientation [*Richtung*], de chemin [*Weg*], de train [*Zug*] et, partout, du cours de la vie [*Lebenslauf*]. Dans cette acception de direction, il faut envisager la double orientation possible, l'une étant l'inverse de l'autre comme lorsque nous parlons de la direction Paris-Lille ou Lille-Paris. Cette inversion possible de la direction appliquée à la vie individuelle inquiète quelque peu, et cette inquiétude ne sera pas apaisée par Schopenhauer puisqu'il dira à la fin de cet essai que le destin est susceptible de nous conduire à la renaissance (palingénésie), bien qu'il nous encourage plutôt au renoncement.

Nous entendons aussi par « sens » la signification [*Bedeutung*]. Le destin serait semblable à un message crypté. Les événements de notre vie nous envoient bien des messages ayant un sens instructif [*belehrender Sinn*]. Comment comprenons-nous la leçon ? Sur le sens de ceux qui favorisent nos entreprises, nous n'hésitons guère. Mais confrontés à ceux qui nous contrarient, nous pouvons les interpréter comme des avertissements, des mises en garde susceptibles de nous faire abandonner nos projets ou, à l'inverse, comme des invitations à les poursuivre en redoublant d'énergie, de courage et de prudence. Sans exclure cette dernière possibilité d'interprétation, Schopenhauer préfère la première. En tout état de cause, quelle que soit l'acception que nous gardions pour « sens », direction ou signification, il reste que la question du destin met aux prises notre liberté avec le monde, ne fût-ce que dans la mesure où il nous reste une marge d'interprétation des messages du destin.

Mais le « sens » peut être aussi l'intention, conformément au titre de l'essai : *Absicht*. Le destin a bien les allures d'une volonté mystérieuse qui, paradoxalement, n'est ni raisonnable comme la volonté délibérée (il est donc exclu de traduire *Absichtlichkeit* par « préméditation » comme l'ont fait certains traducteurs) ni aveugle comme l'impulsion instinctive. Elle exige de nous quelque conduite, elle veut nous dire quelque chose, elle nous oriente et elle nous parle. Cette dernière acception du mot « sens » réunit les deux autres ; c'est pourquoi Schopenhauer la retient au centre de sa méditation sur le destin. En effet, il place la Volonté toute-puissante indépendante de la raison au cœur de l'univers et de notre être de sorte que le destin comme intention mystérieuse doit bien relever d'elle. Il reste à savoir quels sont les rapports de cette Volonté mystérieuse du destin avec la nôtre. S'agit-il d'une contrainte intégrale ou seulement d'une influence à la lettre *non décisive* ?

En tout cas, malgré son caractère équivoque, la question du sens du destin s'impose à notre esprit au moins une fois dans notre vie, assure Schopenhauer, et cela, quel que soit notre degré de culture. Vis-à-vis d'une telle question, nous ne pouvons prendre de la distance. Son enjeu concerne l'individu contemporain de la manière la plus étroite, car il s'agit de l'accomplissement de notre individualité singulière et non de l'histoire collective… Schopenhauer, dans cet essai, épouse pleinement notre interrogation, et, comme nous, la porte aux limites : naissance et heure de la mort, sans perdre de vue les brumes de leur au-delà.

Mais notre interrogation s'écarte de sa démarche par trois différences. La première : *chacun est hypnotisé par le futur en général*. La deuxième : *chacun s'interroge sur ce qu'il va devenir précisément après la mort*. Enfin, *chacun redoute que le destin ne lui confisque sa liberté*.

La première différence est capitale. Notre regard est le plus souvent prospectif, et, si parfois nous adoptons un point de vue rétrospectif sur notre vie, nous relevons avec inquiétude beaucoup de cas où nos affaires entreprises dans le plaisir ou dans la joie ont mal fini ou tourné en souffrance. D'où la méditation amère sur les conséquences déconcertantes de nos actions, c'est-à-dire sur le *Karman*[6]. Combien de fois avons-nous déploré le coût ultérieur de beaucoup de plaisirs et de joies de la vie! Schopenhauer le sait bien lui qui considère la vie comme « une entreprise qui ne couvre pas ses frais »[7]. Mais, en ce qui concerne le destin, Schopenhauer, lui, garde toujours ce regard rétrospectif et, de surcroît, ce regard appuie sur les expériences inverses : celles des événements malheureux qui, bizarrement, tournent en notre faveur. Il s'agit alors d'un complet renversement de perspective analogue à celui des dessins équivoques où la forme et le fond permutent brusquement sous nos yeux étonnés : les événements qui nous avaient paru malheureux et contraires à notre volonté paraissent après coup bénéfiques (p. 69) : « C'est alors que j'ai bien navigué quand j'ai fait naufrage » selon l'excellente formule du poète latin reprise par Schopenhauer. Paradoxalement donc, Schopenhauer insiste sur l'aspect consolant du destin, tandis qu'à nos contemporains, il montre son visage angoissant.

La deuxième et la troisième différence entre le souci contemporain et la méditation de Schopenhauer sont très liées. En somme, si le destin paraît compromettre notre liberté, il prend bien soin de nous, et se dispose pour nous la restituer intégralement à l'heure de la mort et cela d'une manière telle que la suite nous appartienne et dépende de nous.

---

6. Le *Karman* est cette doctrine hindouiste et bouddhiste connue et appréciée de Schopenhauer, qui considère l'effet en retour de nos actes sur nous, même au-delà de notre existence (*cf.* le texte de notre conférence dans *Sakyamuni et Schopenhauer*, Arvillard, Prajna, 2005, p. 151).

7. *Le Monde*, Supplément au livre IV, chap. XLVI, p. 1342.

Le contraste que nous venons d'évoquer par ces trois différences prend d'autant plus de relief que nous attendions de la part de Schopenhauer, auteur du *Monde comme volonté et comme représentation*, qui souligne les maux de l'existence et ne concède rien à la philosophie du progrès, une vision sombre du destin nous privant de toute liberté. Justement! Il s'agit ici pour Schopenhauer de relever le défi que sa propre philosophie a lancé. Elle est centrée tout entière sur l'idée que le monde objective par la représentation une Volonté aveugle qui en est le cœur. Insatiable, cette volonté en est réduite à se dévorer elle-même. De là procèdent les célèbres affirmations : « la *souffrance* est le fond de *toute vie* »[8], de sorte que le monde est le plus mauvais possible, prédestiné à la souffrance et à la mort, « … serait-il un peu plus mauvais qu'il ne pourrait déjà plus subsister »[9]. Il ressemble à une damnation, « un jugement dernier » (cette affirmation eschatologique sera reprise dans les dernières lignes de son essai). Qui échappe? Qui sont les élus? Hormis l'éphémère consolation artistique, seul le renoncement apaise définitivement l'individu qui a pris conscience de cet état de choses. Et Schopenhauer va si loin dans l'affirmation du mal omniprésent qu'il ôte toute positivité au plaisir : seule la souffrance est réelle, le plaisir est négatif. À moins qu'il ne soit pure chimère, il ne fait qu'effacer la souffrance.

Dans un pareil contexte philosophique, comment expliquer que les événements malheureux tournent à notre avantage, malgré nous? Cet essai constitue en quelque sorte une épreuve ultime de la cohérence interne de la philosophie de Schopenhauer. Telle est la raison de la prudence circons-

8. *Le Monde*, livre IV, § 56.

9. *Le Monde*, Supplément au livre IV, chap. XLVI, p. 1347.

pecte du ton initial et de la démarche générale. Ainsi, le destin ne saurait relever de la Providence intelligente d'un Dieu créateur omniscient sans mettre en péril la thèse de la Volonté aveugle. D'un autre côté, les bienfaits que dispense le destin à l'individu ne peuvent pas être tels qu'ils infirment la thèse du monde le plus mauvais possible... Aussi, le philosophe suggère-t-il tout au long de l'essai l'idée d'une harmonie esthétique plus que rationnelle conférée à la vie individuelle par le destin. La beauté console. En définitive, le bonheur que le destin dispense à l'individu tiendra tout entier dans une invitation au renoncement pleine d'égards pour sa singularité : une proposition de salut appropriée à lui qui respecte cependant sa liberté. Schopenhauer s'efforcera de tourner la difficulté à l'avantage de la thèse de la Volonté toute-puissante qui anime l'univers dans lequel elle se traduit comme phénomènes (ce qu'il appelle la représentation). Et l'unité de cette Volonté sera chargée de rendre compte de l'harmonie mystérieuse du destin de l'individu.

Le corps du développement tend à montrer d'abord que l'idée du destin, née de la considération du passé, ne peut être pleinement saisie par la représentation objective. Seule l'allégorie figurerait le visage du destin pour notre imagination. Mais il y a plus : l'unité de la Volonté, pressentie grâce aux analogies, peut fonder le destin. Enfin, la recherche du sens du destin clôt l'essai sur une perspective rédemptrice.

Examen critique de l'idée de destin grâce à la représentation

De la page 68 à la page 81, le philosophe, ayant assigné à la question du sens du destin son lieu de naissance, l'examine au nom de la raison. Il débat sans concession ses implications. Les premières réflexions restent assez critiques : le hasard ne

peut prendre soin de nos affaires mieux que notre intelligence !
De plus, cette direction destinale ressemble beaucoup à une
providence individuelle, idée religieuse dont la fonction est de
nous consoler en présence des maux de l'existence. Or, la
consolation introduit le trouble au sein de la distinction – très
schopenhauérienne dans sa radicalité – de la connaissance et
de la Volonté (il entend par Volonté le Désir). La consolation
serait un genre éminemment suspect au regard de cette distinction qu'elle camoufle car les idées consolantes pourraient bien
être illusoires, comme les idées stimulantes d'ailleurs. Dans
l'idée de destin en somme, il y aurait le déguisement d'une
défaite du jugement : en diverses occurrences, nous n'avons
pas su discerner le caractère réellement favorable des événements hostiles. Toujours, nous sommes sujets à l'erreur et
ultérieurement (p. 79), Schopenhauer suggère que le sens du
destin pourrait bien relever seulement d'une exagération de
l'imagination qui invente un ordre entre les éléments dispersés
du cours de nos vies.

L'examen critique se poursuit (p. 70) car le philosophe
entend évaluer le destin grâce au monde de la représentation.
Le plan et la direction supposés par le destin enveloppent
pourtant une idée indéniablement scientifique, celle de la
nécessité rigoureuse des événements, pour autant qu'ils obéissent *a priori* à la causalité. Cette nécessité causale est, elle,
conforme aux exigences de la connaissance, même si les idées
consolantes risquent d'être illusoires. La cause détermine
nécessairement son effet. Pour ce philosophe kantien, la
causalité fait partie des formes *a priori* de nos représentations
comme le temps, l'espace et la logique. Ce sont, d'après lui,
les quatre formes du principe de raison suffisante. Il n'y a
donc pas mystère dans cette nécessité de l'enchaînement

destinal s'il se réduit à l'enchaînement causal. C'est pourquoi Schopenhauer baptise ce dernier « fatalisme démontrable » [10].

Toutefois, même si elle paraît s'accorder avec la causalité, la fatalité du destin de la vie individuelle défie les autres formes du principe de raison suffisante. Elle met en perte les repères spatiaux et temporels dans la mesure où – cela est notoire – voyantes, prophètes, somnambules et devins aux rêves prémonitoires ont su voir à l'avance les événements qu'ils annonçaient (p. 73), – « ils s'exposent au regard du voyant comme quelque chose de présent » – en franchissant les bornes spatiales de leur situation : par exemple, un frère voit précisément en rêve le lieu où son frère a été noyé. Et aussi les bornes temporelles ! À cet égard, Schopenhauer nous rappelle les *Histoires* d'Hérodote, l'histoire de Crésus, sans oublier Œdipe ; car le célèbre oracle a prévu les malheurs d'Œdipe dès la naissance de celui-ci... Et pourtant les mesures d'éloignement d'Œdipe prises aussitôt par le roi Laïus n'ont pas empêché la prophétie de s'accomplir. Elles ont même contribué à son accomplissement contre toute logique. Ceci est l'élément proprement *fatal* lié à la nécessité destinale dont la présence atteste que le destin poursuit une intention assez habilement pour déjouer l'intention adverse de l'homme. Dans la vanité de la lutte humaine contre la nécessité pressentie, prend corps la fatalité du destin qui nous met bien au-delà de la logique, tandis que déjà nous avions perdu les repères spatiaux et temporels. Trois formes du principe de raison suffisante ont été abandonnées. Il reste la quatrième : la causalité. Mais peut-on vraiment dire que la nécessité destinale s'accorde avec elle comme il nous le semblait tout à

10. *Cf.* notre ouvrage, *La philosophie de Schopenhauer. Au cœur de l'existence la souffrance*, Paris, Bordas, 2003, chap. III, p. 81-85.

l'heure? Non, car si la connaissance causale peut nous délivrer de la nécessité – la technique peut utiliser la science – en revanche, celle de la fatalité destinale ne nous en délivre pas.

L'élément fatal proprement dit est irréductible à la raison. À vrai dire, Schopenhauer a tort de parler de «fatalisme démontrable», même pour le distinguer du «fatalisme trans- cendant» (p. 73), celui du destin, qui ne le serait pas. Car le fatalisme comme tel n'est jamais démontrable tandis que la nécessité d'une cause ou d'une loi scientifique peut l'être. C'est cet élément fatal qui nous porte à parler d'*intention*, à préciser le champ de l'investigation théorique générale pour déployer la question du sens du destin sur le terrain qui est le sien. Un individu déterminé, résumant son expérience rétros- pective, *re*trouve dans le cours de sa vie, avec étonnement, les signes d'une intention non aveugle puisqu'elle lui manifeste son dessein, ignoré de lui, par un plan et une direction singulièrement appropriée à lui.

Il ne s'agit donc pas d'une recherche sur le destin en général et, corrélativement, le sens du destin dont il est question ne concerne pas l'histoire collective, comme Schopenhauer le précise à la page 74, en prenant position contre la philosophie de Hegel. À l'époque de Schopenhauer, les hégéliens – après leur maître dont Schopenhauer dut affronter la dominance lorsqu'il postula à l'université de Berlin et la concurrence redoutable lorsqu'il enseigna – occupent les positions importantes. Ils imposent à la majorité des esprits la croyance en une histoire rationnelle comportant plan et totalité véritable dans la mesure où elle serait l'accomplissement de la divinité sur terre. Le sens progressif de cette histoire providentielle embrassant l'humanité entière encourageait les hommes du XIXe siècle à bousculer l'ordre traditionnel dans l'espoir fou de vaincre le mal. Pour nous autres, hommes du XXIe siècle, cette illusion, source de tragédies multiples, s'est dissipée. Nous avons désappris de croire qu'il puisse y avoir *dans l'histoire mondiale* plan et totalité nettement saisissables par notre intelligence, et l'insondable Providence divine des Chrétiens reste insondable pour la raison. Nous en avons été cruellement dissuadés surtout par la mise en évidence des crimes commis par ceux qui croyaient détenir le sens de l'histoire mondiale et qui, partant, proposaient leurs services pour l'exécution du plan avec le coup de pouce des régimes policiers pour la réalisation totalitaire de la totalité…

Ayant réduit l'histoire des hommes à une suite de configurations phénoménales aléatoires, le philosophe (p. 74) reprend sa méditation sur la possibilité du destin de l'individu singulier agissant selon un plan concerté, dans une direction déterminée, en envoyant des messages significatifs exactement appropriés à l'individu en question. En un mot, ce destin procéderait comme un metteur en scène ou un romancier, en tout cas un *artiste*, pour composer un tout, avec divers éléments. Une telle puissance artiste passant au delà de la logique et des relations temporelles, comme nous l'avons vu, ne peut pas être identifiée à la seule intelligence consciente de l'individu qui ne maîtrise pas complètement son action, sans quoi son œuvre ne provoquerait pas chez lui un tel étonnement rétrospectif.

Mais cette puissance dépasse aussi ce que l'on appelle le caractère d'un homme. Inné, inconscient et en quelque sorte instinctif, ce caractère aussi singulier que le destin de l'individu – d'où l'idée qu'il pourrait en être le principe d'explication – gouverne sans réflexion les actions de chacun avec une nécessité et une régularité complète aussi rigoureuse que celle de la causalité. À tel point que Schopenhauer soutient qu'on peut *infailliblement* les prévoir à partir de l'expérience de la conduite antérieure des hommes en pareil cas, dès lors qu'on connnaît les motifs extérieurs qui vont se présenter à eux. Schopenhauer retrouve là un de ses thèmes de prédilection qui est l'immutabilité du caractère individuel[11]. Cette immutabilité exprime son libre choix d'existence devenu irrévocable (*cf.* note F, p. 75). Ainsi *presque* (à cause du possible renoncement) toutes les actions des hommes méritent le nom de «*réactions*». Sur ce point, Schopenhauer s'accorde avec la philosophie contemporaine du journalisme! Les hommes agissent instinctivement et ne comprennent qu'ensuite le sens de leurs actions.

Néanmoins, une telle analyse du destin restreint beaucoup trop la portée de celui-ci, car elle laisse inexpliquée l'autre moitié, «la moitié qui vient de l'extérieur» (p. 77), celle qui comporte les motifs d'agir et que l'on attribue généralement au hasard aveugle... L'idée du sens du destin suppose plus que la réponse unique d'un caractère déjà fixé à des sollicitations extérieures fortuites. Elle exige une intention qui coordonne extérieur et intérieur. Or, si rien de tel n'apparaît au regard prospectif de l'individu, en revanche, parfois, devant son regard rétrospectif, s'opère une réorganisation d'ensemble des données éparses de sa vie qui fait apparaître une signification comme c'est le cas lorsque nous regardons les anamorphoses dans le miroir conique qui restitue dans son intégrité la forme qui restait brouillée et indiscernable pour la perception ordinaire.

Est-ce là une illusion rétrospective, une simple imagination (p. 79)? Schopenhauer ne tranche pas complètement. Il se borne à souligner que nos projets conscients comportent souvent beaucoup moins de sens et de convenance

---

11. À ce sujet, voir son essai *Sur la liberté du vouloir* (pour la référence, cf. *infra*, p. 64).

pour notre individualité singulière que ce qui s'est vraiment passé. On dirait que le destin prend mieux soin de nous que nous-même. Notre volonté consciente ainsi se décale par rapport à la volonté qui nous anime et qui n'est pas conscient, celle du destin. Schopenhauer note que la puissance métaphysique du destin s'affirme ainsi au-delà de la nature qui, elle, ne prend pas soin des individus, sauf dans la mesure où ils perpétuent l'espèce. Le destin est beaucoup plus que l'uniformité de réponse d'un caractère fixé par nature. Une dimension métaphysique s'introduit à la faveur du dédoublement entre la volonté délibérée et la raison consciente de l'individu d'un côté et, de l'autre, la Volonté transcendante, celle du metteur en scène artiste qui guide cet homme. Cette dimension prend une importance grandissante et se développe le long de l'essai. Le pressentiment de ce deuxième plan caché derrière le premier a nourri les allégories du destin qui, dans la langue insuffisante de la représentation, esssayent de diriger notre attention sur cet autre plan tout en restant sur le premier. Depuis toujours, la religion procède ainsi.

Images et allégories du destin

De la page 82 à la page 93, Schopenhauer approfondit le contraste entre cette puissance mystérieuse du destin et notre individualité consciente. Le dédoublement va jusqu'à l'étrangeté : le vécu du destin n'est-il pas le plus souvent l'impression qu'une puissance étrangère nous a dirigés, utilisant nos erreurs et le hasard extérieur pour notre véritable profit ? Il mobilise les références traditionnelles qui ont donné une figure allégorique ou mythique à ce metteur en scène artiste. Les Grecs ont proposé beaucoup de noms (*cf.* l'énumération des qualificatifs p. 83) pour mettre en relief sa puissance relativement à notre volonté. Ils ont eu la sagesse de ne pas gommer le mystère en

prêtant au destin une nature intellectuelle ou même spiri-
tuelle, tandis que les Chrétiens, en parlant d'«âme», d'ange
ou de Providence ont cru à tort le rendre intelligible et ainsi
lever le voile du mystère. Mais Schopenhauer, soucieux ici
d'insister sur la différence entre la puissance destinale transcendante et l'individu empirique, admet pourtant le «génie»,
et même «l'esprit» qui dirige notre existence, sans exclure
l'ange gardien de la Providence, toutes entités extra-lucides.
Schopenhauer peut d'autant moins exclure l'ange qu'il entend
souligner nettement la bonté morale de ce destin qui est
approprié à nous. Il ne retient pas le destin homérique qui, au
dessus de toutes les divinités, dresse une limite absolue à
l'individu [12] en lui conférant sa part, son lot, sans se soucier de
son bien. Mais il voue la plus grande sympathie à la figure
mythique du «génie» guide de l'individu, chargé d'accomplir son libre choix d'existence selon le célèbre mythe d'Er
de Platon. Attardons-nous ici. Ce génie permet de concilier
nécessité et liberté – la «première opposition» (p. 108)
d'après la quatrième antinomie kantienne –, et ainsi d'harmo-
niser caractère et destin. Mais le génie inclut aussi une référence importante à l'esthétique. Dire qu'il y a un «génie» du
destin, c'est louer son originalité créatrice au-delà de toutes les
règles que sont les catégories intellectuelles… Cela convient à
sa cécité extra-lucide.

Toutefois, si l'image du génie conducteur distingue à bon
droit l'individu de son destin, nous ne devons pas aller jusqu'à
croire que le destin n'ait pas « sa racine en nous-même » (p. 93)

---

12. *Cf.* W.F. Otto, *Les Dieux de la Grèce*, Paris, Payot, 1981, chap. VII, § 7.
Il traite du destin homérique qu'il assimile au règne de la négation : il « …n'a ni
figure ni personnalité ; il ne fait que poser des limites et couper court d'un coup,
avec son "halte !" à l'épanouissement. Le destin représente la "décision" ».

en prêtant à l'allégorie destinée aux non-philosophes une confiance abusive. Ceci nous impose d'approfondir notre recherche. L'individu empirique ne saurait contenir la clef du destin dans la mesure où non seulement sa vie mais *lui-même* en est l'œuvre, sans doute la plus éminente (« plus que tout ») ! Lui-même recèle une unité concordante étonnante, en tant que « corporisation » (p. 87) du caractère moral du père et de la capacité intellectuelle de la mère lesquels demeurent bien distincts autant que le sont l'aveugle et le paralytique pourtant alliés pour affronter les difficultés de l'existence (d'après *Samkhya-Karika*, 21, texte que Schopenhauer connaissait). Le mystère qui les réunit reste entier, ce mystère dont la figure concrète est la rencontre fortuite des parents. Le destin ne s'explique pas par l'individu empirique lui-même. Ce serait plutôt l'inverse. La question est alors transformée. La recherche du sens du destin devient quête d'une *unité* exigée par la dispersion et la multiplicité phénoménale : unité de l'individu, unité de sa vie. L'individu peut-il être réduit à la singularité événementielle de la rencontre de ses parents ? Oui, si elle n'est pas fortuite. Pour Schopenhauer cette rencontre a été intentionnellement préparée par la Volonté de vivre, d'où provient l'unité de l'individu que son destin déroule dans le temps. Plus tard, Nietzsche, dans la *Troisième Considération Inactuelle*, § 1, ranimera cette question, remarquant que tout homme sait qu'il existe comme être « unique » et qu'« il n'est au monde qu'une seule fois » et que « aucun hasard, si bizarre soit-il, ne mélangera une deuxième fois une multiplicité bariolée aussi étonnante que celle qu'il est pour en faire une unité » (nous traduisons). Et le disciple de Schopenhauer nous appellera à nous revouloir nous-même une deuxième fois, à inventer notre raison d'être, formule qui enthousiasmera le XXe siècle et qui autorisera beaucoup de dérives.

Quel retentissement de la question ici posée! Celle que nous sentons sourdre du fond de notre être et qui résonne de plus en plus fort aux oreilles de nos contemporains. Déjà, Schopenhauer s'est interrogé sur la rencontre de ses parents, source d'une union extérieurement discordante. Que signifiait la recherche amoureuse de nos parents? Son avidité aveugle était-elle contingente et, partant, notre individualité l'est-elle tout autant? En un mot, avons-nous été voulus? La détresse des enfants de parents divorcés ou de parents qui ne s'aimaient guère témoigne de la profondeur de cette exigence d'un sens fondateur de l'individualité, d'un sens qui triomphe de la dispersion aléatoire que nous savons à présent être celle des gènes multiples. Mû par cette exigence, le philosophe convoquera la « prédestination immémoriale » en amont pour rendre compte de l'unité de l'individu : telle intelligence avec telle volonté. De par la face élective de cette prédestination, la volonté de vivre prépare sa propre délivrance [13] par l'intermédiaire du destin qui envoie des messages de salut tandis que, en aval, nous le verrons, l'intention destinale sera d'informer la liberté de choix de l'individu. Car la connaissance du cours complet de son existence lui fournira une instruction morale précieuse (p. 109 à 111). Informer la liberté de choix permettra de la ressaisir dans son intégralité car cette liberté s'était figée dans son acte – dans le choix d'une existence déterminée – elle était devenue caractère immuable.

Ainsi, la recherche du sens du destin devient-elle recherche de l'*unité*. Or, celle-ci est transcendante. La distinction catégoriale de l'un et du multiple est dépassée, autrement dit, cette unité dépasse la quantité, c'est pourquoi elle ne

---

13. *Cf.* notre ouvrage, *Nietzsche et Schopenhauer : encore et toujours la prédestination*, Paris, L'Harmattan, 1999, livre I, partie 2, chap. 4.

s'oppose plus à la multiplicité. En ce point l'interrogation schopenhauérienne reflue au-delà des phénomènes saisissables par la représentation vers la Volonté comme chose en soi, seule susceptible d'assurer une unité aussi mystérieuse. Kant nous avait avertis des périls d'une métaphysique qui prétend *connaître* ce qui est au-delà de l'expérience avec des formes de connaissance qui ne s'appliquent qu'à l'expérience. Nous devrions nous contenter de *penser* la somme de l'expérience : pensées de l'âme, du monde, de Dieu enfin. Schopenhauer veut rester fidèle à Kant, aussi garde-t-il un ton prudent, réservé, pour éviter le dogmatisme métaphysique qui va au-delà de la pensée et exigerait la connaissance du destin. C'est pourquoi il convoque les images et les symboles du destin mystérieux souvent de nature religieuse.

Au plan métaphysique, les analogies *peuvent guider la raison philosophique vers la compréhension du destin*

Mais « ces appréhensions imagées et allégoriques » (déployées p. 87 à 92) ne signifient pas que Schopenhauer abandonne la métaphysique comme en témoigne le magnifique déploiement d'analogies (p. 93 à 108). En effet, si Kant nous interdit de dépasser l'expérience, nous pouvons toutefois remarquer que le surgissement du sens du destin s'effectue *dans* l'expérience même de la vie de l'individu. Chacun au moins une fois l'a éprouvé, répète Schopenhauer (p. 68, 69, 74, 85) et il juge bon de préciser que Knebel qui affirme le destin était un nonagénaire… Cela arrive souvent à l'heure de la mort, pointe extrême de l'expérience et instant de sa totalisation.

D'ailleurs, l'expérience ne doit pas être entendue de manière étroite. L'erreur de Kant a été de la limiter aux phénomènes externes qu'on appelle objectifs. Dans *Le Monde*, Schopenhauer, lui, demandait que soit prise en compte l'expérience interne c'est-à-dire toute la gamme des états vécus psychologiques : les affections et les intentions de la volonté. C'est au croisement de ces deux formes de l'expérience – croisement lui-même inscrit dans l'expérience du corps propre – qu'avait surgi, grâce à *une analogie*, la possibilité de la vérité fondamentale, celle du monde comme Volonté (expérience interne) et comme représentation (expérience externe). Car ce qu'est le corps pour l'expérience externe est Volonté pour l'expérience interne de l'individu [14].

Ici, la démarche de Schopenhauer vise à totaliser l'expérience, à rassembler grâce au destin la multiplicité disjointe et éparse des événements de la vie individuelle pour la mettre en harmonie avec l'être singulier dont l'unité fissurée par le clivage entre la Volonté et la représentation sera recentrée. Cela ne peut se faire que si les individus à leur tour sont réunis et entrent en correspondance grâce à la Volonté de vivre véritablement commune. Cette totalisation, cette unification ne nous conduisent-elles pas à la confusion ou à la mystique irrationnelle que seuls mythes et images peuvent exprimer puisque, nous l'avons vu, le principe de raison suffisante et ses formes (cause, espace et temps, raison) est dépassé ? Il n'en est rien. Schopenhauer se confie ici encore une fois à l'exercice rationnel de l'*analogie* c'est-à-dire l'identité des rapports entre les termes les plus lointains (p. 93 à 108). L'analogie nous fait comprendre l'unité de tout être dans la Volonté de vivre qui en est le germe. Grâce à elle, nous pressentons la fusion sans tomber dans la confusion irrationnelle ni succomber à la tentation inverse, celle de déduire tous les êtres d'un unique principe abstrait, à la manière de Spinoza.

---

14. À ce sujet voir notre ouvrage, *La philosophie de Schopenhauer*, *op. cit.*, chap. IV, L'analogie, p. 107-114.

Il est intéressant de constater que Bergson, beaucoup plus tard, reprendra la démarche analogique dans une intention très proche, quoiqu'il ne manifeste pas ouvertement sa dépendance vis-à-vis de Schopenhauer. Bergson conclut le chapitre I de son ouvrage consacré à l'évolution des vivants en notant qu'il a envisagé les résultats divergents de l'évolution de l'œil « dans ce qu'ils présentent d'analogue » [15] pour créditer l'hypothèse d'un seul élan vital simple de nature psychologique. Le finalisme et le mécanisme sont impuissants à expliquer cet élan vital. Il relève alors une « analogie de structure » [16] concernant la rétine, la cornée, le cristallin entre l'œil du Peigne (mollusque) et celui du vertébré. L'élan vital de Bergson n'opère ni par mécanisme ni par finalisme. Manifestement inspiré par Schopenhauer, Bergson propose de bouleverser notre mode usuel de *représentation* et de ressaisir par intuition de l'intérieur l'élan originel, l'acte simple, cette « cause d'ordre psychologique », cet « effort autrement profond que l'effort individuel … [conscient] » [17].

L'acte simple de Bergson ressemble beaucoup à celui de la Volonté de Schopenhauer tandis que la représentation se meut dans le multiple qu'elle fait converger en un tout par l'assemblage des causes, dont les uns – les mécanistes – relèvent l'opération en elle-même, tandis que les autres – les finalistes – soulignent la nécessité de subordonner cet assemblage à la représentation préalable d'une fin. Telles sont les insuffisances de la représentation pour l'explication de la vie, mais aussi – ce qui nous ramène à notre propos – pour l'éclaircissement du destin. Schopenhauer souligne ceci : la dissémination de notre

---

15. *L'Évolution Créatrice*, Paris, PUF, 1962, chap. I, p. 98.
16. *Op. cit.*, p. 63.
17. *Op. cit.*, p. 87 et 88.

existence en une mutiplicité, celle des événements extérieurs et celle des actions qui proviennent du caractère intérieur est relative à la représentation, tandis que la Volonté est une, d'une unité non catégoriale, transcendante.

Les deux analogies que Schopenhauer présente ici, celle de l'harmonie de l'univers et celle du rêve, tentent de corriger les insuffisances de la représentation pour nous permettre de pressentir l'unité de la Volonté qui anime le destin.

La première analogie : comme la finalité et la causalité peuvent s'unir pour comprendre l'univers, de la même manière, le hasard des événements d'une vie individuelle peut s'unir à leur finalité morale pour l'individu

La première analogie utilise le double registre de la finalité et de la causalité en les rectifiant. L'harmonie du corps des êtres vivants adaptés à leur milieu comme l'accord destinal entre les événements extérieurs de la vie d'un individu et cet individu même ne relève pas d'une activité intelligente qui aurait assemblé des éléments extérieurs les uns aux autres en utilisant le jeu de la causalité selon un plan pour obtenir une fin conçue à l'avance. Toutefois, nous avons tendance à nous représenter les choses ainsi.

Aussi, l'exposé schopenhauérien de cette première analogie note-t-il le fait que la disposition entière du monde s'ordonne selon un plan harmonieux pour sa formation et pour son maintien bien qu'il ne s'agisse que de forces aveugles. Aucune représentation d'une fin n'a présidé à l'arrangement des différents éléments du monde ni à celui de l'organisme individuel bien que nous ayons tendance à le croire. Comme l'a noté Kant : tout se passe comme s'il y avait eu représentation d'une fin. Kant, on le sait, considérait la finalité comme une

propriété du jugement réfléchissant : elle refléterait l'harmo-
nisation spontanée de nos facultés plus qu'une harmonie
objective des phénomènes obtenue par l'application d'un
jugement conceptuel déterminant la nature des choses. Mais
Schopenhauer outrepasse cette position. Non, certes, la nature
ne se représente pas de fin préalable qu'elle poursuivrait.
Cependant l'harmonie qui suggère la fin ne reflète pas seulement la disposition subjective de nos facultés les unes par
rapport aux autres, comme le supposait Kant. Bien au-delà,
elle renvoie à la spontanéité de la Volonté unique, omniprésente qui, elle, tend vers l'expression complète d'elle-même
sans conscience ni raison, mais pourtant infailliblement. La
Volonté préexiste toujours et la fin, tardivement représentée,
vient ensuite signaler son accomplissement et non le guider.
Elle arrête l'action loin de la motiver, comme le prouve
d'ailleurs le renoncement, ultime but des incitations du destin.

Schopenhauer suggère donc d'ôter à la finalité la
représentation intellectuelle d'une fin et de la comprendre
positivement comme une exigence spontanée d'expression
complète de la volonté. La fin intelligente qu'elle poursuivrait est inassignable « *unvordenkliche Prädestination* », et ce
qu'elle poursuit est déjà là : c'est elle-même « déjà présente »
(p. 95) en germe qui tend à son objectivation. La finalité, ainsi
débarrassée de la fin, pourra être appliquée au destin de
l'individu qu'elle va éclairer en deçà et au-delà de lui-même.

Schopenhauer nous invite à cette application et, de façon
significative, il s'attarde sur la finalité extérieure qui harmonise les éléments de la nature les plus éloignés. Non qu'il
tienne pour secondaire la finalité interne que suggère l'étude
des êtres vivants (p. 93). Rappelons-nous les corrélations
organiques de Cuvier : les dents, l'estomac, les yeux des
carnivores et bien sûr leur forme d'intelligence entretiennent

une harmonie réglée qui rend possible une physiologie de chasseur. Si le philosophe ne privilégie pas les manifestations de la finalité interne malgré l'effet éclatant de « concordance » qu'elles offrent et qui, pour cette raison, ont longtemps été magnifiées par les finalistes, c'est qu'il songe à la mystérieuse harmonie qui a présidé à la rencontre amoureuse des parents, ce cas exemplaire de finalité externe. Grosse du destin ultérieure de l'individu encore virtuel, elle a régi secrètement la formation de l'organisme avec sa concordance plus éclatante[18]. L'harmonie du monde entier a contribué au surgissement de l'individu singulier par un jeu de rencontre prédestiné.

Si la Volonté qui réside au cœur du monde comme son noyau aspire à la présentation de son être total, comme nous l'avons vu, il s'ensuit que, par analogie, le destin de l'individu ne serait rien d'autre que la présentation de son être total, objectivée donc connaissable par lui. Pour la Volonté, le but ultime du monde extérieur et de ce monde en petit qu'est l'individu est de parvenir à la prise de conscience de soi. La phrase mise en exergue au livre IV dans *Le Monde* (p. 343) nous en avait avertis : « arrivant à se connaître elle-même, la volonté s'affirme puis se nie ». Le destin aveugle mais extra-lucide fait venir à la lumière la vérité du monde et de l'individu… pour qu'il renonce à lui-même.

Le recours à l'analogie de la finalité nous a conduits à déborder la représentation et ses catégories. Assurément tout se passe comme si les événements extérieurs et les actes de l'individu avaient été guidés par une puissance divine intelligente selon un plan préparé à l'avance pour le bien de l'indi-

---

18. *Cf.* à ce sujet le chapitre 44 de *Le Monde*, intitulé Métaphysique de l'amour sexuel, que J. Lefranc a traduit et commenté avec le chapitre 41 : *Sur la mort [...] Métaphysique de l'amour sexuel*, Paris, Nathan, 2002.

vidu et on dirait que la Providence divine, judéo-chrétienne ou musulmane, est intervenue, elle qui constitue le mot ultime du destin. Mais il est difficile de l'appeler Dieu sauf si l'on rappelle que c'est là une formule allégorique. Si l'on veut à tout prix garder cette allégorie, il faut la remanier et dire avec Jean Scot Erigène que Dieu n'est pas « intelligent » : il n'est que Volonté sans représentation.

À partir de là (p. 96) se déploie une belle image du destin pour nous figurer les insuffisances de la représentation spatio-temporelle (cf. *Spec. Trans.*, n. 44). Elle illustre le pôle ultime d'un intense effort d'unification dont le but est de concilier mécanisme et finalisme. Le « réseau » du destin resserre les distances spatiales et leur multiplicité excentrée. Il exclut les rencontres fortuites. À la limite, il n'y a plus rien d'extérieur, comme dans une œuvre d'art véritable c'est-à-dire bien composée. Il est intéressant de constater que l'exemple privilégié par Schopenhauer pour illustrer le propos soit le destin original d'occultation puis de révélation des chefs-d'œuvre de l'art grec, enterrés puis exhumés au bon moment. Car le destin est un artiste qui condense ce que l'espace disperse et ravive l'origine passée grâce à la fraîcheur du présent. Ainsi, les causes qui ont concouru à l'accomplisse-ment du destin de l'individu sont les descendantes d'une cause commune aïeule. Elle n'a pas cessé et ne cessera pas d'agir. Ce passage remarquable, stoïcien d'inspiration, tente de figurer ce qui échappe à la représentation : le rapprochement de ce qui est éloigné, la présence de ce qui a disparu ou n'a pas apparu, l'ensemble de causes de ce qui n'a pas de cause assignable. Ressemblances, coïncidences troublantes, reviviscences et résurgences du passé, annonces du futur, parodies de finalité fourmillent dans notre vie individuelle... La représentation y est portée au-delà d'elle-même vers ce qu'elle représente, la Volonté, grâce à l'idée de totalité. La fin véritable est l'expression totale, de sorte que les causes forment un tout et la simultanéité destinale renvoie à une cause commune.

Car Schopenhauer n'entend pas abandonner la représentation pour verser dans ce qu'il appelle l'illuminisme. La Volonté qui guide le destin est susceptible d'être entrevue grâce à l'analogie artistique, et surtout par la capacité d'évoquer le tout que possède notre raison par la réflexion : le tout d'une vie individuelle, le tout du monde. Cette capacité rend possible le déploiement des analogies. Ecoutons Schopenhauer :

> L'animal vit seulement dans le présent, l'homme vit à la fois dans le futur et dans le passé, survole du regard la totalité de sa vie et voit encore en outre dans le vaste royaume de la possibilité c'est-à-dire qu'*il atteint à la perfection dans la réflexion*... [19].

Certes, la Volonté bat toujours *mystérieusement* au cœur du monde des phénomènes seulement représentés.

Mais si les puissances de la représentation spatio-temporelle, causale, logique, ne suffisent pas, en un mot si l'*explication* rencontre des limites, il est toujours possible de recourir à l'*interprétation* de l'écriture secrète des événements pour éclairer l'intention de la Volonté. Dans l'interprétation, le sentiment sera guidé par la raison réfléchie gardienne du sens, grâce à l'idée du tout qui permet d'opérer convergence et recoupements. La méthode philosophique doit conjuguer explication et réflexion sur le tout. Un même événement peut, dit Schopenhauer, être interprété comme augure destinal, tout en restant explicable par les causes qui ont déterminé sa

---

19. *Cf.* notre traduction des *Leçons de Berlin*, dans *Cahiers de l'Herne*, « Schopenhauer » (1997), J. Lefranc (dir.), p. 231.

venue : « …aucun homme *raisonnable* ne doute de ces causes et personne ne considère l'augure comme un miracle » (nous soulignons, p. 107). Enfin, si, pour privilégier la volonté Une et mystérieuse, on en venait à une *dualité* complète de la volonté et de la représentation, ce serait contradictoire ! La représentation, même imparfaite, est celle de la Volonté.

Raison décisive donc ! L'exigence d'unité continue de commander la suite du développement (p. 99 *sq.*). Il n'y a qu'une Volonté, celle du destin reste nôtre. Elle n'est pas étrangère à la nôtre – comme l'est la volonté de Dieu dans la perspective théiste providentialiste comme celle de Leibniz – même si elle joue sur un plan distinct, transcendant par rapport à notre volonté empirique. L'exigence d'unité est alors satisfaite, mais si le destin vient de nous, on ne comprend pas comment il peut nous être parfois défavorable et nous manifester son hostilité. Que le Dieu créateur nous utilise parfois contre notre gré en vue de son dessein et du plan total de l'univers dont nous ne sommes qu'un élément, cela est concevable. Même si, comme le précisait Leibniz, les êtres sont pour lui des parties totales, et s'il prend autant de soin de nous les esprits qu'un prince de ses sujets, il faut bien admettre que l'économie du tout, même au mieux disposée, vienne parfois heurter nos aspirations. Souvent le destin paraît extérieur et même hostile. Il y a là une difficulté dont Schopenhauer espère triompher grâce à la deuxième analogie, celle du rêve (p. 99 à 108).

Marquons cependant une pause. L'exposé de la première analogie a tenté de réunir le mécanisme de l'enchaînement des causes à la finalité sans fin représentée, de faire cesser leur « opposition » (« la deuxième opposition » comme il le dira page 108) pour éclaircir la possiblité du destin. À présent, toujours dans cet effort d'unité, la deuxième analogie, celle du rêve, nous prépare à admettre que la volonté qui se fait jour dans le rêve reste nôtre de sorte que la nécessité et la liberté de la « première opposition » (de la p. 108) puissent être compatibles.

La deuxième analogie : le rêve comme le destin est mû par notre volonté

Le rêve dispense des représentations qui viennent de nous, même si le vécu onirique les présente toujours comme extérieures, et cela qu'elles soient agréables ou désagréables voire cauchemardesques. Il nous semble qu'il nous arrive des événements, des impressions que nous devons vivre et supporter passivement… et pourtant nous sommes seuls à agencer ce rêve à notre insu. Cette extériorité est donc apparente. Le fait que beaucoup de rêves présentent des scènes arrangées expressément pour la satisfaction sexuelle des désirs singuliers du rêveur prouve bien que ce dernier en est le metteur en scène inconscient. Les autres avec lesquels nous entrons en relation dans le rêve sont comme des doubles de nous-mêmes. N'arrive-t-il pas en rêve qu'un autre que nous fournisse la bonne réponse à une question à laquelle nous ne pouvons fournir de réponse ? Pourtant cet autre ne peut être que nous même s'il nous contrecarre et nous humilie ! La ruse du désir trompe le rêveur qui s'imagine que des événements s'imposent à lui par l'effet d'une volonté tout-à-fait extérieure. Il méconnaît la sienne propre. Derrière la scène onirique se joue un combat, l'interaction entre les deux puissances : le moi conscient de ses représentations et de ses motifs – que Schopenhauer appelle « notre volonté empiriquement reconnaissable » (p. 103) – subit les assauts de la Volonté directrice du rêve, cachée donc inconsciente, qui, provenant d'une autre « région » (*ibid.*), au-delà de l'expérience, contrarie, malmène et violente la première. Le rêveur vit cela comme contrariété, frustration dans le cas où « les belles et l'occasion » (p. 101) se dérobent inexorablement, voire comme cauchemar.

Schopenhauer précise en quoi il y aurait une analogie du rêve au destin qui contribue à éclairer l'étonnant mélange de liberté et de nécessité qu'il offre. Le destin impliquerait une méconnaissance de soi semblable à celle du rêve : là aussi, deux volontés *semblent* en jeu tandis qu'il s'agit seulement de deux plans différents pour une même volonté. Tout cela suppose, bien entendu, que le cauchemar nous convienne par quelque aspect. La réponse de Schopenhauer mettra en avant notre bien métaphysique pour cette convenance ; celle de Freud, qui reprendra ces analyses, exigera l'intervention de la pulsion de mort pour triompher de la difficulté. Lui aussi mobilisera un autre plan, celui de la métapsychologie.

À l'évidence, Freud s'est largement inspiré de ces idées pour élaborer la notion de désir inconscient triomphant dans le rêve des efforts du moi conscient pour le repousser. D'où la célèbre formule freudienne : le rêve est la réalisation déguisée d'un désir refoulé (*Wunscherfüllung*). Le désir obtient satisfaction non seulement dans le cas du rêve agréable mais aussi dans le cas du rêve désagréable qui, loin de faire échouer la thèse du *Wunscherfüllung*, en constitue le prolongement moyennant l'extension du champ du désir au-delà du plaisir. D'une certaine façon, Schopenhauer donne plus d'importance encore au rêve que Freud, comme nous l'indique la notation initiale (début du deuxième paragraphe de la p. 99) et l'analogie rêve/destin qu'il propose tourne à l'identification. Selon Freud, le désir inconscient du rêveur se manifeste d'autant plus fortement dans le rêve qu'il est plus refoulé dans la réalité, ce qui nous indique une nette distinction confinant même à l'opposition entre principe de plaisir et principe de réalité. Le psychologue ne spécule pas sur la réalité qu'il identifie à la contrainte absolue en face du désir, tandis que Schopenhauer, héritier de Kant, et dernier idéaliste allemand, considère le réel comme un ensemble bien lié de représentations assez proche du rêve. La consistance ultime du réel ne lui vient pas de son opposition au désir mais bien plutôt du désir lui-même qu'il appelle Volonté en elle-même inconnaissable et qui s'objective dans le monde sous forme de phénomènes représentables : pas de rêves sans un Rêveur.

Ainsi, de la fin de la page 104 (3e alinéa) au milieu de la page 108 (fin du 1er alinéa), le philosophe étend et généralise l'onirisme à toute notre existence vécue : « chacun rêve seulement de ce qui lui convient conformément à sa propre direction métaphysique ». Il se souvient de Calderón qui disait que la vie est un songe. Puis il écoute une majestueuse symphonie, celle de l'harmonie préétablie des destinées qui orchestre les rêves des uns avec les rêves des autres. Toutes les voix se répondent dans ce grand concert artistique où les scènes des événements perçus objectivement (selon la connexion causale) correspondent aux vécus subjectifs des individus. Nietzsche aura entendu ce concert qui inspirera sa synthèse géniale de *La Naissance de la tragédie*. Selon lui, la tragédie aurait été enfantée par l'esprit de la musique. Apollon, auteur des images scéniques du rêve tragique, aurait été stimulé par l'esprit de la musique, esprit dionysiaque, seul capable d'accorder « les nombreuses voix de la symphonie qui semblent déchaînées les unes contre les autres » (p. 106).

De cette façon élégante – que Nietzsche aussi relèvera déclarant dans sa jeunesse que l'univers est un phénomène esthétique – Schopenhauer pense unifier beaucoup de dualités et, à travers la conciliation des trois « oppositions » (p. 108-109), exprimer au mieux la Volonté à travers la représentation.

Il tente grâce au rêve et à la musique de réconcilier les volontés individuelles les unes avec les autres, l'Un et le multiple : « C'est un grand rêve que rêve cet être *un* ». L'univers entier, animaux, végétaux, matière, entre dans cette symphonie. Le destin, correctement pensé, réconcilie l'individu et le tout, le multiple et l'Un en faisant prévaloir la totalité. Il harmonise les parts, les lots de chacun avec le tout. Schopenhauer reprend le grand thème stoïcien du Tout, bien que ce ne soit plus le *logos* qui l'anime. Le bénéfice qu'en recueille l'individu singulier est moins grand mais il n'est pas nul, car l'attention que lui porte la Volonté sous la forme du destin montre bien qu'il n'est pas seulement un phénomène dû à la représentation, tenant toute sa réalité seulement de la multiplicité spatio-temporelle qu'introduit la connaissance.

Conclusion sur le sens du destin

Cela apparaît manifestement si l'on envisage la conclusion que Schopenhauer donne à son essai théorique (dernier alinéa de la p. 109 à la fin). L'examen théorique de la possibilité du destin se clôt sur l'étude de son sens. Affirmer que le destin favorise « notre bien temporel » exposerait Schopenhauer au démenti de l'expérience qui dit souvent le contraire. De plus, cela contredirait sa propre philosophie qui souligne les souffrances de l'existence. Au-delà du bien temporel se trouve « la fin métaphysique », le but ultime qui nous dérobe au temps. Le destin prépare la rédemption de la vie individuelle, en délivrant un message. *En effet, la connaissance du cours entier de notre vie nous fait prendre conscience de ce que nous demandons, c'est-à-dire de la nature singulière de notre volonté individuelle en nous montrant ce que nous obtenons.* L'exhortation salvatrice au renoncement à la Volonté de vivre suit de là, car la part de souffrance inhérente à notre exigence est alors manifestée.

Le destin ainsi conçu peut-il être appelé « destinée » ? Autrement dit, est-il compatible avec la liberté de l'individu ? Au premier abord, le destin semble contraindre l'individu. Schopenhauer souligne tout au long de l'essai à quel point le destin contrecarre nos desseins délibérés, nos projets et nos espérances, même si parfois il intervient manifestement pour nous sauver. Pour nous sauver plus que pour nous combler, comme en témoigne le développement de l'analogie du rêve sollicité sur le versant cauchemardesque... Mais cela ne signifie pas que ce destin annihile notre liberté. Schopenhauer ne reprend pas entièrement la conception antique du destin comme part, comme lot assigné par le Tout, car l'individu lui-même s'est assigné cette part d'existence déterminée ; il a choisi aveuglément son caractère et, ainsi, en quelque sorte la moitié de son destin, et bientôt, rechoisira le tout dans la lucidité. La page 110 apporte ici une précision sans équivoque. Le rôle du destin consiste à *préparer* le libre affranchissement du désir de vivre c'est-à-dire le renoncement au vouloir de chacun. La singularité insubstituable du destin est coextensive de celle de l'individu : « chaque homme est cette Volonté de vivre d'une manière tout-à-fait individuelle et unique en quelque sorte un acte individualisé d'elle-même... ». Corrélativement, le destin répond à l'appétit de vivre démesuré de chacun et sa réponse *invite* chacun au renoncement sans l'y contraindre. Chacun comprend qui il est en déchiffrant le sens des événements de sa vie et peut ainsi abandonner librement sa prétention. Tel est le seul acte de liberté *de* l'existence. Le premier acte de liberté est la décision immémoriale de déchéance *dans* l'existence individuelle ; si le plus grand crime de l'homme est d'être né comme le répète Schopenhauer après le poète Calderón, ce premier acte de liberté se situe donc hors de l'existence.

Ce renoncement ultime à la volonté de vivre n'est donc nullement nécessaire. À la lumière du sens du destin, l'individu pourrait aussi réaffirmer sa volonté individuelle dans son originalité singulière. Ce serait alors une répétition – ou « reprise » au sens où l'entendait Kierkegaard – qui peut se traduire sur le plan des faits par l'héroïsme du combattant ou par le suicide du désespéré ou de mille autres manières. Le premier cas est illustré par l'attitude de Krishna dans la *Bhagavad Gita*. Le deuxième cas, celui des suicidaires, est paradoxal. Car ceux qui se suicident, succombant sous le poids des malheurs, n'ont pas renoncé à la volonté de vivre : tout à l'inverse, ils ont choisi la renaissance, le *samsara* conformément au *karman* hindouiste et bouddhique. Et le philosophe recourt à une métaphore violente, celle de la césarienne, pour illustrer cette possibilité éthique.

Schopenhauer ne tranche pas entre le renoncement et la réaffirmation de la vie. On ne prescrit rien à la Volonté. Par un effet de bouclage, le destin nous *restitue* notre liberté originaire enlisée dans le caractère ; il ne la confisque pas. L'heure de la mort marque le moment privilégié de la décision ultime prise en considération du sens de notre être singulier.

DE L'ÉTHIQUE

La remise en question de la signification morale du monde

Comme le philosophe l'annonce au § 109, ce chapitre VIII des *Paralipomena* vient compléter son ouvrage non couronné (selon ses propres paroles) : le *Fondement de la morale*[20] et traite de la même question. Pour l'essentiel, la question avait déjà été envisagée dans la première édition du *Monde*[21].

En contraste avec la sérénité de la *Spéculation Transcendante*, sorte de rêve spéculatif, *De l'éthique* nous plonge dans une atmosphère orageuse et polémique. Le ton de Schopenhauer y est très véhément, son style d'une vivacité et d'une verve étonnante, voire fascinante... Le plan, un peu lâche, est souvent entremêlé de récits, de faits divers, d'allusions à des phénomènes historiques, au fil d'analyses parfois remarquablement brillantes, comme celles de l'envie, par exemple. La polémique très violente tourne parfois à l'invective : contre l'Église anglicane, contre les missionnaires, contre les esclavagistes, contre les professeurs de philosophie... et avant tout contre l'homme, véritable incarnation du mal. Les études métaphysiques, les vérités mystiques, les réflexions morales, les analyses psychologiques enfin baignent au sein d'un véritable réquisitoire. Mais, très souvent, l'explosion de véhémence agressive et l'indignation accompagnent le déferlement d'une émotion sincère de pitié qui éclate en accents pathétiques. Le ton de Schopenhauer oscille de la pitié à la cruauté, par un étrange accord de la forme au fond.

Schopenhauer se présente à nous comme une conscience du monde (l'être-au-monde heideggerien lui doit beaucoup),

---

20. *Le Fondement de la morale* avait été présenté au concours organisé par la société danoise des sciences, en 1840, et refusé. Or, Schopenhauer, en 1839, avait déjà remporté la médaille d'or au concours organisé par la Société royale des sciences de Norvège sur la question du libre arbitre. Les deux mémoires faisant couple, le philosophe les réunit sous le titre *Les Deux problèmes fondamentaux de la morale* qu'il publia en 1841.

21. *Le Monde*, livre I, § 16 ; livre II, § 19 et 23 ; livre IV, § 53, 54, 55 et 56 et § 60 à 67, enfin § 70.

un être à l'écoute du monde, lecteur du journal, soucieux de vérifier ses idées par la connaissance des faits. Il semble qu'aucune région du monde ne lui soit étrangère. Il nous entretient des Mongols, des Chinois, des Hindous[22], enfin des habitants des Iles du Pacifique et de l'océan indien, sans parler de l'Europe, que ce polyglotte connaissait remarquablement bien pour son temps. De ce point de vue, Schopenhauer est d'une étonnante *modernité*, malgré ses nostalgies de l'archaïque. Jamais avant Schopenhauer, les questions du monde, du sens de l'existence dans le monde n'avaient été ainsi promues au premier rang de la scène philosophique.

Bien que le plan de ce chapitre VIII paraisse un peu lâche, cela n'indique aucun manque de cohérence chez Schopenhauer. Car, à la différence de la *Spéculation transcendante* extraite des *Parerga* qui garde une autonomie, *De l'éthique* renvoie directement au *Monde*, à l'essai *Sur la liberté du vouloir*, enfin au *Fondement de la morale*, lequel en constitue le centre véritable. Schopenhauer suit un plan, mais l'émotion de pitié ou de colère, liée aux thèmes abordés, envahit parfois notre philosophe. Cette charge émotionnelle, d'une sincérité totale, a pour effet de détendre, d'allonger le fil du discours sous sa pression de sorte que beaucoup de thèmes abordés font retour sur eux-mêmes et se présentent sous forme de nœuds, comme par exemple le thème du fatalisme et de la prédestination.

Le problème posé par ce chapitre VIII est encore une fois celui du sens : le monde a-t-il un sens moral et non seulement physique (§ 108)? Dès le début, le philosophe pèse la gravité

---

22. Schopenhauer connaissait depuis sa jeunesse le brahmanisme, car l'orientaliste Maier lui avait fait connaître la traduction latine des *Upanishad*s. Ses connaissances sur le bouddhisme étaient plus tardives.

de cette signification morale du monde à travers la menace que fait planer sur elle l'Antéchrist qui en est la dénégation. La question trouvera sa réponse seulement à la fin du § 118 quand le philosophe établira que la croyance judéo-chrétienne en un dieu créateur – mais dont il souligne la provenance judaïque – rend impossible le sens moral du monde et laisse à celui-ci un sens physique purement mécanique et même automatique en dépouillant l'homme de toute liberté. Sa propre philosophie, établissant que l'homme, libre mais non raisonnable, est son propre créateur, prête au monde, même déterminé extérieurement, un sens moral. Telles sont les bornes du périple.

Dans la première partie (§ 110-114), refusant la dignité supposée de l'homme, être raisonnable autonome, comme une duperie, le philosophe prend acte de la malice et de la misère humaine, comme le font les éthiques d'Extrême-Orient, particulièrement celle des bouddhistes. Selon eux, les vertus ne sont rien d'autre que la négation des vices. Partant, le classement et la répartition des vices et des vertus resterait relatif et sujet à débat – débat dont Schopenhauer fournit un modèle à propos du courage et de l'avarice (§ 111 et 112) – si le critère décisif ne jaillissait pas de la constatation de la différence réelle d'attitude des individus vis-à-vis d'autrui, selon la tendance innée de leur caractère orientée vers l'envie ou vers la compassion. Cette tendance témoigne d'une attitude métaphysique fondamentale qui grandit ou diminue la différence entre soi et autrui. Durant cet examen des vertus et des vices, on ne perdra pas de vue l'indépendance de principe de la connaissance et de la volonté. Et, de ce point de vue, il dénonce l'illusion de Platon, partagée par toutes les morales occidentales et prolongée par le rationalisme kantien : l'idée que la sagesse, vertu intellectuelle, peut être tenue pour souveraine et guide de la conduite.

La seconde partie (§ 114-115), consacrée au mal et à la souffrance, développe pleinement l'ampleur et la profondeur du mal au point d'en faire le fondement irrationnel de l'existence de l'homme : « l'animal méchant par excellence ! ». La tromperie générale et réciproque ouvre le bal masqué de la vie sociale (§ 114). Suit la description effrayante – mais indéniable – de la violence et de la cruauté humaine, escortées de leur double, au moins aussi diabolique qu'elles : la joie maligne. En opposition radicale à la compassion, elles concentrent la malice humaine. Toutefois, l'envie, animée de l'esprit de vengeance, s'avère presque aussi dévastatrice que la cruauté, mais elle travaille dans l'ombre. Si mal et souffrance s'équivalent dans la dogmatique augustinienne comme dans le *samsara* bouddhiste, en revanche, le fondement métaphysique de la morale – le « Tu es Cela » – a été saisi par le brahmanisme. Mais le judéo-christianisme l'aurait manqué pour avoir méconnu la présence immanente de dieu en chaque être, à cause de l'idée fallacieuse de création divine. Brahmanisme et bouddhisme sont salués pour avoir fourni les meilleures allégories des vérités métaphysiques et morales fondamentales.

La troisième partie (§ 116, à la fin) est consacrée au problème de la liberté qui peut seule garantir le sens moral de l'existence en assurant la responsabilité morale. Or, Schopenhauer note à quel point la disposition éthique à la compassion ou à l'envie diffère profondément selon le caractère des individus. De plus, l'expérience avère que ce caractère commande les actions de l'individu avec un déterminisme rigoureusement nécessaire, invincible par la raison, inaccessible à l'enseignement, rebelle à toute autre influence que celle qui lui convient, bien que les hommes s'illusionnent à ce sujet et croient pouvoir agir de manière délibérée. Ce déterminisme rigoureux n'a pourtant pas échappé aux esprits pénétrants, les

artistes comme Shakespeare ou les hommes d'action comme
Machiavel. Mais le sempiternel retour des mêmes actions dans
les mêmes circonstances qu'ils ont observé chez les individus
ne vaut que sur le plan phénoménal, car, sur le plan métaphysique, celui de la Volonté, l'homme s'est choisi lui-même ;
il a choisi son caractère qui s'exprime au plan phénoménal par
ces répétitions destinales. Il y aurait là une sorte de prédestination qui vient de lui-même. Tandis que dans l'hypothèse
du dieu créateur judéo-chrétien, l'homme aurait seulement
un caractère déterminé sans avoir aucune liberté ni aucune
responsabilité morale.

Ainsi s'achève le périple étonnant de ce chapitre qui tend à
accuser d'immoralité le judéo-christianisme dans la mesure où
son dieu créateur laisserait derrière lui le paysage désolé d'un
monde mécanique d'automates irresponsables moralement,
ravage que Schopenhauer stigmatise comme menace de
l'Antéchrist par une référence tout à fait judéo-chrétienne.

Le mal

La recherche initiale est celle de la signification morale du
monde. Peut-on donner une signification et une interprétation
(*Bedeutung, Auslegung*) aux actions désintéressées, si mystérieuses (*cf.* § 115) ? Schopenhauer (§ 109) en appelle à la
conscience universelle qui toujours confirme le sens moral
de ces actions et s'indigne de la « perversité de l'esprit » de
ceux qui le nient. La présence récurrente de ces dénégateurs
témoigne aussi de la réalité de ce qu'ils s'efforcent de nier :
la perversité humaine que tant de conduites méchantes et
cruelles manifestent ! Le lecteur du XXe et du XXIe siècle,
contemporain de tant de massacres, sera aisément convaincu.
Immédiatement, Schopenhauer utilise le vocabulaire religieux
pour stigmatiser ceux qui incarnent la perversité de l'esprit : ils

sont l'Antéchrist. Nietzsche ensuite, lecteur de Schopenhauer, n'hésitera pas à reprendre ce nom d'Antéchrist, même s'il assumera bien peu de temps cette position de révolte ultime, comme nous le savons. À l'évidence, Nietzsche voulait relever le défi lancé par son maître Schopenhauer dans ce chapitre VIII des *Paralipomena*, et le titre « Vive la physique ! » comme le contenu du § 335 du *Gai Savoir* en témoignent avec éloquence. Nietzsche y appelle à l'affranchissement de l'interprétation morale de l'existence et propose de s'en tenir aux vérités seulement physiques [23].

Affirmer une signification morale du monde ne conduit pas seulement Schopenhauer à soutenir l'assaut de l'Antéchrist mais aussi la muette protestation du cours du monde, si immoral et même franchement mauvais. Il n'y aurait donc que des vices, comme le supposent les bouddhistes qui mettent en avant la soif *tanha* à laquelle correspond si bien l'avidité de la Volonté schopenhauérienne. On passe ainsi rapidement des vices avérés par diverses mauvaises actions au mal lui-même qui tient à la disposition intérieure que les hommes cachent le plus souvent et qui se révèle aussi bien dans les petites actions que dans les grandes, parce que les hommes ne se soucient plus de l'apparence dans les petites. Que les lettres soient minuscules ou majuscules, la signification du texte est la même : l'avidité égoïste de la Volonté de vivre qui exerce toujours au détriment des autres son expansion illimitée. De surcroît, elle perce aussi bien sous les attitudes apparemment les plus contraires. Ainsi, le dépensier (§ 112 A) en viendra immanquablement à dépenser le bien

---

23. À ce sujet, voir notre article dans la *Revue de l'Association des professeurs de philosophie*, Janvier-Février 2007, 57ᵉ année, n°3, « Nietzsche lecteur de Schopenhauer », p. 46-47 et 55-58.

d'autrui que déjà sa démesure visait; l'avare (§ 112 B) aussi veut plus de jouissance que ses sens épuisés ne peuvent lui permettre d'obtenir. Aussi s'efforce-t-il de jouir de la figuration abstraite et symbolique de ses biens, l'argent, comme pour gonfler une dernière fois son moi au détriment des autres.

Schopenhauer dirige ce chapitre référé à l'éthique vers la métaphysique et la religion. Mais, au passage, que d'analyses extraordinaires par leur verve et par leur pertinence psychologique et sociologique nous fournit ce spectateur désenchanté qui ne nourrit pas d'illusion sur l'impact de la civilisation sur les hommes : elle ne serait qu'un masque que la peur met sur la haine ! L'étonnant bal masqué de la vie sociale traduit la modernité du penseur qui voit grandir l'importance de la classe des marchands laquelle recouvre à présent toutes les activités sociales. L'analyse de la cruauté comme moyen d'apaiser sa souffrance intérieure en faisant souffrir l'autre recueillera l'admiration de tous les psychologues théoriciens de la frustration : « …c'est la volonté de vivre qui, de plus en plus aigrie par la souffrance perpétuelle de l'existence, cherche à apaiser son propre tourment en faisant souffrir les autres » (§ 114). La brillante et impitoyable analyse de l'envie inspirera la dénonciation nietzschéenne du ressentiment et de l'esprit de vengeance tous deux capables de mettre en œuvre une politique machiavélique.

Qu'est-ce que le mal ? Il n'est pas seulement l'attribut des mauvaises actions, il concerne l'être lui-même, et au-delà de lui, l'acte qui est à la source de cet être. Schopenhauer vise cet acte par la formule « le crime d'exister ». Rejoignant les Gnostiques, il n'hésite pas à écrire que « c'est par ce principe du mal, qu'il a dû devenir un homme » (§ 114). Le crime nous renvoie à l'acte d'individuation par lequel se fissure l'être commun. C'est pourquoi très logiquement la volupté figure au premier rang des vices, tandis que le bien s'attache à la conduite du renoncement à l'égoïsme constitutif de l'être individuel. Mais ce crime désigne un échec métaphysique, auquel Schopenhauer fait allusion à maintes reprises, en particulier lorsqu'il déclare que la volonté d'un individu « n'est au fond que son erreur individuelle » (cf. *Spec. Trans.*, p. 74). L'acte d'individuation n'est jamais complet, il est voué à l'échec, car « la Volonté de vivre est présente entière et indivise en chaque être, même le plus infime, aussi complètement réunie que dans tous les êtres qui jamais furent, sont et seront » (§ 115).

Du reste, ce crime qui nous sépare nous réunit en même temps dans une faute commune, dont le péché originel judéo-chrétien donne une allégorie très appréciée de ce point de vue par Schopenhauer : « chacun porte en lui quelque chose de fondamentalement mauvais sur le plan moral » (§ 114). Le véritable coupable est la Volonté de vivre, de sorte que les individus existent, remboursent par le lot destinal de souffrances qui leur est imparti et par leur mort enfin, la dette qu'ils ont contractée en usurpant l'existence. La signification morale du monde pose donc une équivalence entre la faute et le châtiment que le péché originel chrétien et plus précisément augustinien comme le *samsara* bouddhiste traduisent en langage allégorique.

La métaphysique

On comprend pourquoi Schopenhauer ne peut pas se contenter du thème kantien du mal radical, comme il le signale (§ 114). Il remonte plus haut au plan métaphysique au-delà des phénomènes vers la Volonté de vivre qui a poussé les individus à réclamer avidement l'existence pour eux. Il ne convient plus de s'étonner que le cours du monde soit mauvais ni de la fréquence des mauvaises actions, mais bien plutôt du *mystère* que constitue l'occurrence de bonnes actions, c'est-à-dire des actions désintéressées! Ni l'enseignement – le vouloir ne s'apprend pas, répète le philosophe et si les moyens changent, la fin reste identique – ni l'exemple – dont l'effet dépend de la volonté déjà fixée dans le caractère (§ 119) – ne peuvent les expliquer. Ce n'est pas non plus le respect de la dignité de l'homme qui peut les expliquer puisqu'il est aussi indigne que l'homme déchu par le péché originel dépeint par saint Augustin. Quant au contrôle de la raison, Schopenhauer le juge très restreint, tout juste capable de recouvrir d'un voile l'injustice des actions. Enfin, la religion théiste peut-elle expliquer ces actions désintéressées? Pas davantage, car elle incite les hommes à l'égoïsme en les motivant à la bienfaisance par l'espoir de récompenses dans l'au-delà... Du reste, il note que les vertus chrétiennes morales sont inexistantes; il n'y a que des vertus théologales (avant-dernier alinéa du § 110): foi, espérance, charité. On se souvient que Nietzsche a toujours considéré que le dieu chrétien est tué par la morale chrétienne. Il y a donc de fortes chances pour que l'assassin du Dieu chrétien, «le plus laid des hommes» dans *Ainsi parlait Zarathoustra*[24], soit Schopenhauer.

Comme dans la *Spéculation transcendante* le destin nous amenait au mystère, les actions désintéressées nous y confrontent de nouveau. Elles nous renvoient au-delà du plan phénoménal où, conformément au principe d'individuation et au principe de raison suffisante – lequel exige un motif donc un intérêt pour toutes les actions, par application de la causalité –, les individus se distinguent entièrement les uns des autres et poursuivent exclusivement leur intérêt, ce qui les amène le plus souvent au mal. Ces deux principes régissent

24. « Nietzsche lecteur de Schopenhauer », *op. cit.*, p. 57, et note 78.

seulement le monde des phénomènes qui se distingue du monde de la chose en soi, la Volonté, monde métaphysique où l'Unité – comme dans la *Spéculation transcendante* – ne relevant plus de la quantité, ne contredit pas la multiplicité : « *un seul* et *même* être peut être en même temps en différents lieux et tout entier en chacun » (§ 115, 4e alinéa). Schopenhauer distingue et oppose les deux mondes métaphysique et empirique selon la ligne de partage : phénomènes/chose en soi, extérieur/intérieur, représentation/volonté, multiplicité/unité. Le mystère des actions désintéressées ne concernerait que le monde phénoménal dans lequel ne se trouve plus l'homme en tant qu'il est compatissant ou même bienfaisant. Il a reconnu l'autre comme même, l'unité sous la multiplicité etc.

Aussi Schopenhauer tente-t-il de lever le voile de la Maya à la suite de l'homme compatissant qui l'a déjà levé un bref instant. Les exemples remarquables de conduites bienfaisantes désintéressées (3e alinéa, § 115) que Schopenhauer décrit concrètement nous font voir « un individu, qui va avec une totale certitude vers sa perte immédiate et personnelle ne plus penser à sa propre conservation pour diriger toute sa sollicitude et son effort sur celle d'un autre ». Le philosophe insiste sur les détails concrets pour nous faire comprendre que l'individu compatissant a reconnu son propre être dans celui de l'autre. Ce regard porté à la dérobée derrière le voile des phénomènes (3e alinéa, § 115) assure le compatissant de l'indestructibilité de son être à travers l'échange des moi, ce qui fonde la morale. Le premier postulat kantien de la raison morale est l'immortalité de l'âme. Chez Schopenhauer, l'immortalité – qui n'est pas celle de l'âme – n'est pas un postulat mais une condition de l'action morale. Elle seule rend possible cet échange mystique des soi où prend naissance la compassion effective.

À l'analyse, ce dévoilement partiel du mystère nous fait voir également que la conscience de soi comme unique peut être abusive, ce que laissaient déjà supposer les phénomènes de somnambulisme magnétique connus de Schopenhauer. Deux chemins s'ouvrent alors pour la conscience de soi : l'un, extérieur, vise le moi comme individu limité dans l'espace et dans le temps ; l'autre, de l'intérieur, vise un moi omniprésent. Dans les circonstances exceptionnelles dont l'heure de la mort est le cas exemplaire – elle qui totalise le cours de l'existence et rend possible la décision ultime concernant la destinée[25] – ce moi intérieur total peut se reconnaître dans l'autre individu qui lui est présenté de l'extérieur « comme dans un miroir ». Il y a là une extraordinaire épreuve que vit la conscience sous la surveillance de la mort possible – mais non actualisable pour elle – d'où l'usage des conditionnels par Schopenhauer : au moment où son être propre disparaît, elle retrouve son être intérieur dans un autre être.

Il ne s'agit pas d'une fusion de l'individu dans le tout dont il ne serait qu'une partie car « la chose en soi, la Volonté de vivre est présente entière et indivise, en chaque être même le plus infime » (4e alinéa, § 115). Du reste, chaque individu a bien conscience d'être tout entier en tout être et en toutes choses. Mais il peut interpréter ce message métaphysique de sa conscience de deux manières radicalement opposées, comme en témoigne sa conduite morale, altruiste ou égoïste. Et Schopenhauer d'insister sur le caractère inverse de ces deux modes d'approche de l'autre en commentant les possibles effets d'une première rencontre d'autrui selon Hobbes, ou selon Pufendorf (§ 117).

25. Cf. *Spec. Trans.*, p. 110-111.

Précisons cette double interprétation possible. Fort de cette certitude intime d'être tout entier en tout être, l'égoïste croit qu'il peut ignorer, exploiter, réduire, maltraiter, tuer l'autre sans dommage pour lui. Il tient son moi-tout pour invulnérable et impérissable sans voir qu'il ne peut tuer que l'être phénoménal de l'autre et que, s'il tuait l'être réel de l'autre, il disparaîtrait en même temps. Le bourreau ignore qu'il est aussi la victime[26]. Inversement, l'homme compatissant, également sûr d'être tout entier en tout être, confronté à autrui reconnaît en lui son être intime, qu'ils ont en commun, justement au moment où son propre être phénoménal est sur le point de disparaître. *La différence décisive d'interprétation* tient à ce que seul le compatissant suppose qu'autrui dispose également d'une conscience intime de lui-même, d'un moi-tout tandis que l'égoïste, lui, dénie à autrui dès le départ une conscience intime, celle d'un moi-tout... Les autres sont seulement pour lui «des fantômes», purement représentés, dépourvus d'être intime[27]. Il y a ici indissolublement une faute morale et une erreur métaphysique, la première tenant à la seconde.

La morale tient donc à la métaphysique, à l'acte libre de l'interprétation de la conscience venu de la volonté. C'est pourquoi elle ne saurait être prescriptive, comme le sont la morale kantienne du devoir, et le théisme judéo-chrétien pour autant qu'il s'appuie sur les commandements d'un dieu extérieur à ses créatures. Schopenhauer convoque les religions non judéo-chrétiennes pour figurer cette vérité ultime de la métaphysique qui concerne notre éternité.

---

26. *Le Monde*, livre IV, § 63.
27. *Le Monde*, livre II, § 19, p. 146.

La religion

Schopenhauer considère les religions comme des métaphysiques populaires qui n'empruntent pas le langage conceptuel de la raison comme la philosophie mais celui de l'allégorie qui parle à l'imagination de tous. L'allégorie est un procédé littéraire qui utilise les mythes, les métaphores et les symboles pour figurer des vérités qui ne pourraient être énoncées sous leur forme abstraite sur la place publique : elles doivent donc être dites « autrement à l'agora » (étymologiquement). Ainsi, par exemple, chaque Hindou, assure le philosophe, devine la vérité du dieu intime derrière la mythologie. Dans ce chapitre, comme dans *Le Monde*, il décerne de grands éloges aux religions de l'Extrême-Orient, brahmanisme et bouddhisme, qui, mieux que les autres, les trois religions monothéistes et créationnistes, ont su dire aux hommes les vérités métaphysiques fondamentales.

Les religions ne doivent donc pas être prises à la lettre, mais la philosophie se chargera d'en assurer le bon déchiffrement par son commentaire et son interprétation, de façon à guider l'intuition divinatrice des fidèles. La philosophie préparera ainsi le remplacement de la religion défaillante pour en sauver le contenu contre le matérialisme pervers toujours menaçant. C'est ainsi que Schopenhauer veut faire lui-même pour les religions occidentales le travail que sut faire jadis pour les religions orientales le Bouddha Sakyamuni qui conduisit le bouddhisme à devenir la religion la plus parfaite grâce à l'épuration des images à laquelle il s'est livré. La louange s'adresse au thème bouddhiste capital de « soif » (*tanha* source de souffrance) à laquelle Schopenhauer fait correspondre la Volonté de vivre aveugle, et au *nirvana*, comme extinction de la volonté de vivre. Ici, dans ce contexte, la louange indéterminée de Schopenhauer vise l'athéisme et la célèbre doctrine de la compassion du bouddhisme.

Le cas du bouddhisme suggère à Schopenhauer non seulement le travail qu'il doit faire vis-à-vis des toutes les religions, mais aussi l'idée d'une compétition généralisée qui doit être instituée entre elles toutes. Il savoure à l'avance le résultat, le triomphe du brahmanisme et du bouddhisme qui ne s'imposent pas encore aux esprits parce que la compétition n'a pas été loyale, à cause des efforts missionnaires unilatéraux des colonisateurs de l'Asie !

Commençons ce travail de commentaire et d'interprétation des vérités religieuses par le brahmanisme, auquel le philosophe s'attache ici beaucoup. La première allégorie religieuse nous est fournie par la présence de la divinité Brahma enracinée dans le cœur, que la conscience trouve « ... en s'enfonçant dans son propre intérieur » (§ 115)[28]. Cette divinité est chantée par l'hymne védique de l'enterrement : « l'esprit incarné... » (§ 115, 6e alinéa)[29]. Le dieu est immanent au cœur, il est cette intimité de l'être que vise la conscience de soi-même comme étant tout en tous. Le philosophe trouve dans ce cœur divin une juste allégorie de la Volonté de vivre indestructible tant qu'elle n'a pas renoncé, plus juste que celle du dieu créateur judéo-chrétien fabricateur

---

28. À titre de confirmation, citons J. Varenne, *Les Upanishads du Yoga*, Paris, Gallimard, 1971, p. 42 : « Le *yogin* en état de *samadhi* ne «sort» pas de lui-même, il n'est pas «ravi», comme le sont les mystiques ; tout au contraire, il rentre complètement en lui-même : comme le disent nos *Upanishads*, il va établir sa résidence dans le lotus de son propre cœur ».

29. Madame L. Kapani, *Journal Asiatique*, t. 290 (2002), n° 1, « Schopenhauer et l'Inde », p. 238, donne la référence de cette citation de Schopenhauer, laquelle reste d'une fidélité approximative : *Purusa-Sukta*, *Rig-Veda*, X, 90.

qui reste extérieur aux êtres qu'il a créés, eux dont l'existence est menacée par le néant originel dont il les a tirés, malgré la promesse de récompense éternelle.

Aussi Schopenhauer adopte-t-il avec enthousiasme et dévotion le *Mahavakya* « *Tat tvam asi* » du brahmanisme, le « Tu es Cela » comme vérité métaphysique. Cette grande parole qui correspond à l'allégorie de la présence du Dieu dans le cœur de tout être invite notre esprit à identifier le soi individuel (*atman*) au Soi cosmique omniprésent (*Brahman*) en tout être du monde, y compris chez les animaux. Mme L. Kapani rappelle[30] que, dans la *Chandogya Upanishad*, cette Grande Parole est enseignée par un père à son fils :

> De l'homme, quand il meurt, la parole passe dans l'esprit, l'esprit dans le souffle, le souffle dans le *tejas* [feu], le *tejas* dans l'Être suprême. C'est cela, ce qui est le plus intime, qui est l'essence de cet univers. C'est la vraie réalité, c'est l'*atman*. Tu es Cela, Svetaketu.

Il s'agit, comme dans les autres cas que nous avons étudiés (voir *supra*, p. 53 à 56), d'un enseignement *métaphysique* sur ce que la mort ne peut détruire : l'être intime auquel chacun s'identifie. L'heure de la mort fournit presque une expérience métaphysique de la concentration de la multiplicité des êtres en leur Unité, à l'inverse de la dispersion de l'Un dans le multiple, le drame métaphysique de fond, pour Schopenhauer comme pour la *Chandogya Upanishad*. Mme L. Kapani note plus de 8 citations de *Tat tvam asi* dans l'œuvre de

---

30. Même article du *Journal Asiatique*, p. 210-216 : cette référence à *Chandogya-Upanishad*, VI, 8, 7 *sq.* vient de la lecture de l'*Oupnek'hat*, vol. I, p. 60 *sq.* On lira également du même auteur, « Schopenhauer et son interprétation de «Tu es Cela» », dans *L'Inde inspiratrice*, Strasbourg, Presses Universitaires de Strasbourg, 1996, p. 48 *sq.*

Schopenhauer. Toujours, elles visent à mettre en évidence le caractère phénoménal, voire illusoire, de la multiplicité en opposition à l'Unité de la chose en soi, sous la double autorité du thème hindou de la *maya* et de la théorie kantienne de l'espace et du temps. Ici il en va de même. Mais l'accent mis sur l'heure de la mort offre à Schopenhauer une assurance d'immortalité, ici essentielle pour fonder la compassion et avec elle toute la morale. N'oublions pas que le courageux est celui qui n'a pas peur de la mort parce qu'il sait qu'elle ne lui fera rien. Il semble à Schopenhauer que l'assurance sera d'autant plus complète que l'individu aura su concrètement se reconnaître dans l'autre. En somme, Schopenhauer demande à cette grande parole *à la fois* l'assurance métaphysique de l'éternité et la confirmation de l'être commun à chacun, indispensable à toute morale. Car, si notre être n'était que phénoménal, exposé à la mort intégrale comme simple dissipation d'une apparence, quel serait le contenu théorique du reproche au criminel? Il en irait de même si chaque être individuel n'avait absolument rien de commun avec l'autre. Schopenhauer a voulu réunir ces deux préoccupations et ainsi donner une réalité métaphysique indestructible à l'individu. À bon droit Mme L. Kapani souligne que dans le brahmanisme, le *Tat tvam asi* n'a pas pour sens précis de fonder l'éthique. Toutefois, il coexiste avec l'*ahimsa* (la non-violence) dans *Chandogya Upanishad* sans y être directement lié[31].

Schopenhauer réitère son plein consentement au *samsara* et (sur le mode allusif) au *karman* du brahmanisme et du bouddhisme, qu'il considère comme des allégories du *tat tvam asi*, cette vérité intemporelle. Le *samsara*, ce tourbillon

---

31. Mme L. Kapani, «Schopenhauer et son interprétation du «Tu es cela» », art. cit., p. 53 *sq.*

circulaire des existences ou transmigration des âmes, qu'il nomme traditionnellement métempsychose, implique une équivalence de la faute et du châtiment ou une rétribution morale. Le mot « métempsychose » figure 3 fois dans *De l'Éthique*[32], et le thème du voyage samsarique y est évoqué 6 fois : au dernier alinéa du § 114 ; au § 115, dans la note sur le « maker » ; au § 116, à la fin de l'avant-dernier alinéa ; dans les dernières lignes de ce même § 116 ; au § 118, à la fin du 6e alinéa ; enfin au § 119 avec une allusion au *karman*, car les actions d'un homme le suivent d'une existence à l'autre. L'équivalence de la faute et du châtiment y est éternelle, d'ores et déjà donnée, bien qu'elle puisse être présentée de façon plus frappante pour l'imagination par une histoire cyclique. *Samsara* et *karman* sont tout pénétrés de *la signification morale du monde* ; ils promettent le salut à qui se libère du crime d'exister par le renoncement (fin du § 114). Faire sentir leurs crimes aux hommes en leur annonçant sur un mode allégorique qu'ils devront endurer la même chose bientôt ou dans une autre existence, est bien plus concret et efficace que de leur dire qu'un Dieu ou que la loi l'interdit.

Venons à la délicate question de la comparaison avec le judéo-christianisme, déjà effleurée. Depuis saint Augustin, les chrétiens admettent la faute originelle – dite faute d'Adam pour les Juifs – dont les conséquences sur la condition humaine : souffrance, travail, mort, sont très précisément celles que déplore tant Schopenhauer, sans parler de la transformation interne : irruption de la concupiscence : c'est-à-dire « volonté aussi pécheresse, esprit aussi borné, corps aussi vulnérable et caduc » (avant-dernier alinéa du § 109). L'homme de

---

32. Mais il préfère la palingénésie (dernière ligne de *Spec. Trans.*) ce qui le rapproche du bouddhisme et l'éloigne du brahmanisme.

Schopenhauer est exactement l'homme déchu de saint Augustin qui vit présentement le jugement dernier (et non dans le futur comme l'allégorie chrétienne le dit); il est aux prises avec le diable (évoqué à quatre reprises au § 114), il est perverti et souffrant et ne doit qu'à la grâce irrationnelle son salut (l'élection). On ne peut donc pas manquer de s'étonner que Schopenhauer ne donne pas la palme morale au judéo-christianisme pour ses allégories! De plus le Christ pouvait offrir un thème allégorico-mythique parfait de compassion...

Si Schopenhauer lui refuse obstinément la palme morale, c'est qu'il s'oppose à la doctrine judéo-chrétienne et islamique de la création à partir de rien et qui, partant, pourrait y retourner... Cette dernière doctrine, nous l'avons noté, ne satisfait pas la soif d'éternité de l'homme confronté à l'heure critique de la mort; elle pose la réalité d'une histoire où les ravages comme les progrès du temps ne sont plus de l'ordre du phénomène. Mais surtout, le dieu créateur (avant-dernier alinéa du § 118), disposant d'une liberté complète, n'a pas pu la communiquer à ses créatures qu'il a déterminées entièrement. La responsabilité morale d'un monde mauvais et souffrant lui revient donc entièrement et il ressemble à un potier qui se vengerait sur ses vases de ce qu'il les a ratés (d'où le développement sur le *Maker*). Schopenhauer dénonce le subterfuge du péché originel qui tend à défendre Dieu de l'accusation pour la reporter injustement sur l'homme. Ce subterfuge du péché originel, tel qu'il est présenté par le théisme judéo-chrétien qui nous parle d'une *action* morale coupable donc libre ayant entraîné la déchéance de l'humanité, confère à cette allégorie une absurdité, car une *créature* n'est pas libre ni responsable moralement. Du reste, l'absurdité éclate avec la doctrine de la prédestination divine qui suppose que Dieu crée délibérément des créatures vouées à la mort[33]. Schopenhauer retaille grandement l'allégorie du péché originel par une réinterprétation qui supprime le dieu créateur et fait les hommes libres et responsables *non de leurs actes*, ce qui contredirait la nécessité phénoménale partout présente avec le retour perpétuel des mêmes actions (*cf.* le comte de Northumberland ourdissant sans cesse des révoltes suivies de lâches trahison), *mais de leur être* qu'ils ont voulu, par un acte métaphysique originel et libre. La nécessité phénoménale ou prédétermination des actions n'est rien d'autre que la représentation phénoménale, par le principe de raison suffisante, de cet acte libre, donc à travers l'espace, le temps, la causalité, la logique. Ce n'est pas Dieu qui nous prédestine mais nous nous prédestinons nous-mêmes.

Mais, les hommes judéo-chrétiens, notant que les hommes comme les animaux et le reste de la nature, toutes œuvres de Dieu, agissent sur le plan phénoménal selon un déterminisme rigoureux et infaillible, régulier et prévisible, se fiant à cette apparence d'absence de liberté peuvent considérer *aussi* avec logique qu'un tel monde est une simple machine dépourvue de toute signification morale. *C'est la religion du dieu créateur qui menace gravement le sens moral du monde.* Schopenhauer veut tuer Dieu pour préserver et étendre la signification morale du monde menacée. Celui qui l'a compris est Nietzsche qui a mesuré à quel point la morale judéo-chrétienne dans son ultime développement – on aura reconnu la peinture de l'homme judéo-chrétien dans l'homme de Schopenhauer – aboutit à la mort de Dieu.

---

33. *Cf.* notre ouvrage, *Nietzsche et Schopenhauer, op. cit.*, Livre I, partie 1, chap. V.

NOTES SUR LA TRADUCTION

Références des œuvres de Schopenhauer les plus utilisées pour cette traduction et les notes qui l'accompagnent

Sämtliche Werke (dorénavant cité *SW*), *Texkritisch bearbeitet und herausgegeben von Wolfgang Freiher von Löhneysen*, Stuttgart-Frankfurt a. M., Cotta-Insel, particulièrement vol. IV, 1963 et V, 1965, *Parerga* et *Paralipomena* (dorénavant cité *P* et *P*).

Transzendente Spekulation über die anscheinende Absichtlichkeit im Schicksale des einzelnen (Spéculation transcendante sur l'intentionnalité apparente dans le destin de l'individu, dorénavant cité *Spec. Trans.*), dans *SW*, Bd IV, *P* et *P* I.

Zur Ethik (De l'Éthique, dorénavant cité *De l'Éthique*), dans *SW*, Bd V, *P* et *P* II.

Les *Parerga et Paralipomena P et P* de 1851 ont été traduits par A. Dietrich, et répartis en 8 volumes, Paris, Félix Alcan, 1905-1912, dont les titres ne sont pas tous de Schopenhauer : *Écrivains et styles* ; *Sur la religion* ; *Philosophie et philosophes* ; *Éthique, droit et politique* ; *Métaphysique et esthétique* ; *Philosophie et science de la nature* ; *Fragments sur l'histoire de la philosophie* ; *Essais sur les apparitions et opuscules divers*. Les *Aphorismes sur la sagesse dans la vie* ont aussi été traduits par J. A. Cantacuzène, revus par R. Roos, Paris, PUF, 1966.

Actuellement on ne trouve plus les traductions de A. Dietrich, qui étaient élégantes mais imparfaites. Ces dernières années ont paru de nombreuses traductions d'extraits des *P et P* se fondant sur la traduction de A. Dietrich plus ou moins modifiée. Mais Ét. Osier a traduit lui-même et présenté les § 174-182, c'est-à-dire le chapitre XV des *Paralipomena*, sous le titre *Sur la religion* (Paris, GF-Flammarion, 1996).

Une traduction de l'ensemble des *P et P* par J.-P. Jackson a paru, Paris, Coda, 2005, mais elle n'est pas très exacte.

Le Monde comme volonté et comme représentation (dorénavant cité *Le Monde*), trad. fr. Burdeau, revue par Roos, Paris, PUF, 1966, 2ᵉ éd. 1978.

Le Fondement de la morale, trad. fr. Burdeau, introduction et notes A. Roger, Paris, Librairie Générale Française, 1991.

Preisschrift über die Freiheit des Willens (Écrit couronné : Sur la liberté du vouloir), dans *SW*, Bd III, présenté sous le titre *Essai sur le libre arbitre*, trad. fr. S. Reinach, Paris, Félix Alcan, 1903, repris et revu sous le même titre par D. Raymond, Paris, Rivage/Poche, Payot, 2006.

Informations pratiques sur notre traduction

Notre traduction reprend sous le même titre celle de 1988 (Paris, Vrin) avec une nouvelle introduction.

Dans cette traduction, les parenthèses proviennent de Schopenhauer lui-même. Les crochets droits, eux, correspondent à un complément de référence, aux traductions que nous avons données des citations étrangères de Schopenhauer, enfin aux quelques mots allemands dont la traduction posait problème.

Toutes les notes de Schopenhauer lui-même sont présentées en bas de page. Celles qui sont appelées par la lettre F sont des adjonctions au texte de la première édition des *Parerga et Paralipomena* (1851), qui proviennent de l'exemplaire manuel personnel de Schopenhauer, et qui se trouvent également dans les deux éditions de J. Frauenstädt (1862 et

1877). Ces deux éditions furent élaborées à l'aide des papiers posthumes de Schopenhauer. D'autres annotations venant de son exemplaire manuel personnel, et qui ne figurent pas dans les éditions de Frauenstädt, sont appelées par la lettre H.

Les notes du traducteur sont appelées en chiffres arabes.

SPÉCULATION TRANSCENDANTE
SUR L'INTENTIONNALITÉ APPARENTE [1]
DANS LE DESTIN DE L'INDIVIDU
(extrait de *Parerga*)

Τὸ εἰκῆ οὐκ ἔστι ἐν τῇ ζωῇ,
ἀλλὰ μία ἁρμονία καὶ τάξις
Plotin, *Ennéades* IV, livre 4, chap. 35 [2].

Bien que les pensées dont je fais part ici ne puissent, il est vrai, conduire à aucun résultat assuré, et qu'on puisse peut-être les qualifier de simple imagination métaphysique, je n'ai pourtant pas pu me décider à les laisser à l'abandon, parce que

1. Cette intentionnalité n'est tout de même pas une simple apparence. À son sujet se posent les mêmes problèmes que ceux que Kant soulève dans la dialectique transcendantale à propos de « l'apparence des jugements transcendants », et de façon plus aiguë encore, puisque Schopenhauer tente de franchir les limites posées par la *Critique*, à l'aide d'analogies, il est vrai.

2. « ...il n'y a pas de hasard dans la vie, mais une harmonie et un ordre unique », Plotin, *Ennéades IV*, 4, chap. 35, trad. fr. É. Bréhier, Paris, Les Belles Lettres, 1960. Il est remarquable que dans ce passage qui a trait à la vie du monde, Plotin tente de montrer que l'unité de l'âme du monde ne s'oppose pas à la multiplicité des âmes individuelles. À la fin de cet essai, Schopenhauer retrouvera ce problème de l'Un et du multiple.

beaucoup de personnes leur feront bon accueil, au moins pour les comparer avec leurs propres pensées, celles qu'elles ont nourries sur le même sujet. Mais pourtant, ces personnes doivent se rappeler qu'en ce qui concerne ces pensées, tout est douteux, non seulement la solution mais même le problème. D'après cela, il n'y a pas à attendre ici d'éclaircissements décisifs, mais bien plutôt une simple discussion d'un état de choses très obscur qui s'est peut-être pourtant imposé souvent à chacun, au cours de sa propre vie ou en regardant rétrospectivement celle-ci. Il se pourrait même que nos remarques à ce sujet ne soient pas beaucoup plus qu'un tâtonnement à l'aveuglette dans l'obscurité, quand on remarque qu'il y a bien quelque chose, mais qu'on ne sait pas très bien où ni ce que c'est. Si, malgré cela, il m'arrivait parfois de prendre un ton positif ou même dogmatique, qu'il soit entendu ici, une fois pour toutes, que ce serait seulement pour éviter de devenir prolixe et lourd en répétant continuellement des formules de doute et de conjecture : ce ton ne doit donc pas être pris au sérieux.

La croyance en une Providence Spéciale, ou plutôt en une direction surnaturelle des événements dans le cours de la vie individuelle a été de tout temps communément admise, et même chez les penseurs, têtes dénuées de toute superstition, elle se trouve parfois d'une fermeté inébranlable, même tout à fait indépendamment de dogmes déterminés, quels qu'ils soient. – On peut d'ores et déjà lui objecter que, conformément à la nature de toute croyance aux dieux, elle n'est pas vraiment née de la *connaissance*, mais de la *volonté*, qu'elle est, avant tout, l'enfant de notre indigence. Car les données fournies à ce sujet par la seule *connaissance* se laisseraient peut-être ramener à ceci : le hasard, qui nous joue cent mauvais tours, perfides comme s'ils étaient prémédités, se montre de temps en temps électivement favorable à nous, ou alors, quoique indirectement, prend très bien soin de nous. Dans tous les cas de ce genre, nous reconnaissons en lui la main de la Providence, et certes, avec le plus d'évidence, lorsqu'il nous a conduits à un but heureux, contrairement à ce que nous pensions, et même par des chemins abominables pour nous, quand nous disons après coup : [« C'est alors que j'ai bien navigué quand j'ai fait naufrage »[3]], lorsque le contraste entre le choix et la direction devient tout à fait manifeste, sensible, mais à l'avantage de cette dernière. C'est même la raison pour laquelle, en présence de hasards contraires, nous nous consolons bien avec la maxime souvent éprouvée : « Qui sait à quoi cela est bon ? ». À vrai dire, cette maxime est née de la considération suivante : bien que le *hasard* gouverne le monde, il a cependant l'*erreur* à titre de co-régent et, puisque justement nous sommes soumis à celle-ci autant qu'à celui-là, *ce* qui nous apparaît maintenant comme un malheur peut être justement un bonheur. Ainsi, nous fuyons loin des coups d'un des tyrans du monde vers l'autre, en faisant appel à l'erreur contre le hasard.

Pourtant, abstraction faite de cela, attribuer au hasard simple, pur, manifeste une intention, c'est là une pensée qui requiert une témérité égale à la sienne. Malgré cela, je crois que chacun, au moins *une fois* dans sa vie, a saisi vivement cette pensée. On la trouve aussi chez tous les peuples, accompagnant tous les dogmes, bien que ce soit chez les Mahométans qu'elle soit présente de la manière la plus déterminée. C'est une pensée qui peut être la plus absurde ou la plus profonde, selon la manière dont on la comprend. En attendant, contre les

---

3. En latin dans le texte : *Tunc bene navigavi cum naufragium feci.*

exemples par lesquels on pourrait la justifier – si frappants qu'ils puissent être parfois – l'objection suivante demeure : ce serait la plus grande merveille si jamais le hasard prenait bien soin de nos affaires, même mieux que notre intelligence et notre jugement n'auraient pu le faire.

Que tout ce qui se produit, sans exception, arrive avec une *rigoureuse nécessité*, est une vérité compréhensible *a priori* par conséquent irréfutable : je la nommerai ici le fatalisme démontrable. Dans mon écrit couronné *Essai sur la liberté du vouloir*, elle se démontre (p. 62)[4] comme le résultat de toutes les recherches précédentes. Cette vérité est confirmée empiriquement et *a posteriori* par le fait, qui n'est plus douteux, que les somnambules magnétiques, les hommes doués de seconde vue, et même parfois les rêves du sommeil ordinaire[5]

---

4. *SW*, Bd III, *Preisschrift über die Freiheit des Willens*, p. 581 (réf. p. 64). L'expression « fatalisme démontrable *a priori* » peut surprendre. Elle peut être comprise en référence au principe de causalité qui gouverne *a priori* toutes nos représentations intuitives, et dont les 3 formes sont : causalité physique, excitation, motivation.

5. Schopenhauer considère que nous disposons d'un pouvoir très général de clairvoyance qui nous permet de nous représenter intuitivement des objets sans passer par les impressions sensibles. Ce pouvoir, déjà faiblement à l'œuvre dans les rêves ordinaires, plus fort dans l'état de transition du sommeil à la veille, déploierait toute sa capacité dans le somnambulisme magnétique. Ainsi, la prévision de l'avenir ne serait que le plus haut degré de cette clairvoyance. Ces phénomènes de clairvoyance lui permettaient d'étayer empiriquement deux thèses philosophiques : 1) L'essence des choses est indépendante de l'espace, du temps et de la causalité, puisqu'une connaissance affranchie de ces conditions est possible ; 2) Tout ce qui arrive obéit à une rigoureuse nécessité (voir à ce sujet *SW*, vol. IV, *P et P* I, *Versuch über das Geistersehn*, en entier et particulièrement p. 307 ; trad. fr. A. Dietrich, *Essai sur les apparitions et opuscules divers*, Paris, Félix Alcan, 1912, *Essai sur les apparitions et les faits qui s'y rattachent*, p. 73-74).

prédisent directement et exactement l'avenir[F]. La plus frappante confirmation empirique de ma théorie de la rigoureuse nécessité de tout ce qui se produit se trouve dans les phénomènes de *seconde vue*. Car nous voyons que ce qui était prédit grâce à elle, souvent longtemps à l'avance, arrive ensuite avec une exactitude complète avec toutes les circonstances qui avaient été indiquées, même quand on s'était efforcé intentionnellement et par tous les moyens de l'empêcher ou de faire différer la réalisation de l'événement, au moins en une circonstance quelconque, par rapport à la vision communiquée. Chaque fois, ces efforts ont été vains, alors que justement ce qui devait empêcher l'événement prédit a toujours servi à l'occasionner, exactement comme dans les tragédies ou dans l'histoire des Anciens où le malheur prédit par les oracles ou par les rêves est précisément attiré par les mesures prises pour s'en défendre. Comme exemples de cela, parmi tant d'autres, je mentionnerai simplement le roi Œdipe et la belle histoire de Crésus et Adraste dans le premier livre

---

F. Dans le « Times » du 2 décembre 1852, se trouve le rapport judiciaire suivant : « A Newent, dans le Gloucestershire, devant le Coroner, Mr. Lovegrove, eut lieu une séance d'instruction judiciaire au sujet du cadavre de l'homme Marc Lane qu'on avait trouvé dans l'eau. Le frère du noyé déclara qu'à la première nouvelle de la disparition de son frère Marc, il avait aussitôt répondu : «Alors, il s'est noyé : car je l'ai rêvé cette nuit, et, plongeant dans l'eau, je m'efforçais de l'en retirer». La nuit suivante, il rêva encore que son frère était noyé tout près de l'écluse d'Oxenhall, et que, *près de lui nageait une truite*. Le lendemain matin, il alla à Oxenhall, accompagné de son autre frère : là même il vit *une truite dans l'eau*. Il fut aussitôt convaincu que son frère devait se trouver là, et le cadavre s'y trouvait en effet ». – Donc, quelque chose d'aussi Éphémère que le glissement fugitif d'une truite est prévu plusieurs heures à l'avance, à la seconde près !

d'Hérodote ([*Histoires*], chap. 35-43[6]). On trouve des cas de
seconde vue correspondant à ceux-ci, communiqués par le très
honnête Bende Bendsen[7], dans le troisième cahier du 8e tome
des *Archiv* [*für*] *den Thierischen Magnetismus* de Kieser
(particulièrement les exemples 4, 12, 14, 16); on en trouve
aussi un dans la *Theorie der Geisterkunde* de Jung-Stilling,
§ 155 [6e vol., p. 485[8]]. Dès lors, si le don de seconde vue était
aussi fréquent qu'il est rare, un nombre incalculable d'occurrences prédites à l'avance se réaliseraient avec exactitude et

6. Hérodote, *Histoires*, livre I, chap. 35 à 43, trad. fr. Ph.E. Legrand, Paris,
Les Belles Lettres, 1970, t. I, p. 52-56. Il faut noter que « Adraste » signifie
« Inévitable ».

7. Bende Bendsen; Il s'agit d'un savant danois (1763-1830), médium, qui
fit part de plusieurs cas de phénomènes de seconde vue recueillis dans les
Archiv für den Tierischen Magnetismus par Dietrich Georg Kieser (1779-
1862), médecin et botaniste, auteur du *System des Tellurismus oder Tierischen
Magnetismus* (1826). Les *Archiv für den Tierischen Magnetismus* furent
publiées à Leipzig chez F.L. Herbig par C. Auguste von Eschenmayer, professeur à Tübingen, le Dr Dietrich von Kieser, professeur à Iéna, et le Dr Nees von
Esenbeck, professeur à Bonn. Les exemples de seconde vue n°4, 12, 14, 16
se trouvent dans le 8e tome (1821), 3e partie, I, 2e, p. 70-90. Le magnétisme
animal désigne un ensemble de phénomènes hypnotiques sur lesquels le médecin allemand, Franz Anton Mesmer (1776) fit des travaux expérimentaux. Il
établit lui-même une thérapeutique particulière et une théorie de fluide universel qu'il baptisait « magnétisme animal » par analogie avec les phénomènes
d'aimantation. Ces pratiques et cette théorie sont maintenant abandonnés, mais
les phénomènes hypnotiques demeurent inexpliqués; Schopenhauer consacre
un chapitre au magnétisme animal dans *De la volonté dans la nature*, trad. fr.
Ed. Sans, Paris, PUF, 1969, p. 154.

8. Jung-Stilling, *Œuvres complètes*, Stuttgart, J. Scheible, 1837, 6e vol.,
Theorie der Geisterkunde, § 155, p. 485. Jung-Stilling (1740-1817) était
médecin ophtalmologue, auteur de *Scenen aus dem Geisterreich, Theorie der
Geisterkunde*. Il s'intéressait aux expériences métapsychiques, mais surtout à
la théosophie : son œuvre est marquée par un prophétisme eschatologique.

l'incontestable preuve de fait de la rigoureuse nécessité de tout ce qui se produit serait accessible à chacun, exposée à tous. Il ne subsisterait alors plus aucun doute sur la vérité suivante : bien que le cours des choses se présente comme purement fortuit, au fond, il ne l'est pourtant pas; bien plus, tous ces hasards eux-mêmes τὰ εἰκῇ φερόμενα [les événements fortuits], sont embrassés par une nécessité profondément cachée εἱμαρμένη [destin] dont le hasard lui-même est le simple instrument. Porter un regard sur cette nécessité a été, depuis toujours, l'effort de toute *mantique*. Mais, à vrai dire, la réalité de la mantique, que nous venons de rappeler, n'entraîne pas seulement cette conséquence que tous les événements arrivent avec une nécessité totale, mais aussi qu'ils sont d'une certaine manière déjà déterminés par avance et objectivement établis puisqu'ils s'exposent en effet au regard du voyant comme quelque chose de présent : toutefois, on peut encore, à la rigueur, ramener cela à la simple nécessité de leur arrivée suivant le cours de la chaîne causale. Mais, en tout cas, le jugement ou plutôt la vue selon laquelle cette nécessité de tout ce qui se produit *ne* serait *pas du tout aveugle*, donc la croyance à une succession du cours de notre vie conforme à un plan autant que nécessaire, constitue un fatalisme d'un genre supérieur, qui ne peut pourtant pas être démontré comme le simple fatalisme, mais auquel pourtant il est possible que chacun vienne un jour, tôt ou tard, et demeure attaché, pendant quelque temps ou toujours, selon sa manière de penser. Nous pouvons le nommer *fatalisme transcendant* pour le différencier du fatalisme habituel et démontrable. Il ne provient pas, comme l'autre, d'une connaissance proprement théorique, ni de la recherche nécessaire à celle-ci, recherche que bien peu de personnes seraient capables de faire; mais il se dépose peu à peu à partir des expériences du cours propre de la vie.

Parmi elles, en effet, chacun remarque certains processus qui, d'une part, en raison de leur grande adaptation particulière à lui, portent visiblement imprimé sur eux le sceau d'une nécessité morale ou interne et qui pourtant, d'autre part, portent aussi celui du hasard extérieur complet. Le retour fréquent de ces expériences conduit progressivement à cette vue, qui devient souvent une conviction, selon laquelle le cours de la vie de l'individu, si confus qu'il puisse paraître, serait un tout concordant en lui-même possédant une direction déterminée et un sens instructif, comme l'épopée la plus pensée[F]. Mais, l'enseignement que le cours de la vie lui a donné ne se rapporte qu'à sa volonté individuelle – laquelle n'est au fond que son erreur individuelle. Car il n'y a ni plan, ni totalité dans l'histoire mondiale, comme le croit faussement la philosophie des professeurs, mais seulement dans la vie de l'individu. À la vérité, les peuples existent seulement *in abstracto* : les individus sont le réel. C'est pourquoi l'histoire mondiale n'a pas de signification métaphysique directe : elle n'est vraiment qu'une configuration du hasard : je rappelle ici ce que j'ai dit à ce sujet dans mon livre : *Le Monde comme volonté et comme représentation*, t. I, § 35[9]. – Ainsi, en ce qui concerne le destin propre de l'individu, grandit chez beaucoup de personnes ce *fatalisme transcendant*, auquel l'occasion est peut-être fournie une fois à chacune par un regard attentif sur sa propre vie, quand la trame en a déjà été tissée sur une longueur considérable, et, même lors de l'examen des détails

---

F. Quand nous repensons minutieusement à beaucoup de scènes de notre passé, tout nous y paraît aussi bien concerté que dans un roman bien composé selon un plan.

9. *SW*, t. I, § 35, p. 261-264. *Le Monde*, livre III, § 35, p. 234-238.

du cours de sa vie, celui-ci peut se présenter à elle comme s'il avait été concerté en toutes choses, et les hommes qui y font leur entrée lui apparaître comme de simples acteurs. Ce fatalisme transcendant n'offre pas seulement beaucoup de consolation, mais aussi beaucoup de vérité; c'est la raison pour laquelle il a été affirmé de tout temps, même comme un dogme[F].

Le témoignage d'un homme du monde, courtisan expérimenté, qui, de plus, était parvenu jusqu'à l'âge de Nestor quand il le porta, mérite d'être cité ici en raison de son impartialité complète : c'est celui du nonagénaire Knebel, qui écrit dans une lettre :

> On découvrira, par une observation plus précise, que dans la vie de la plupart des hommes, se trouve un certain plan, qui leur est en quelque sorte tracé à l'avance par leur propre nature, ou par les circonstances qui les guident. Quoique les situations de leur vie puissent être changeantes et inconstantes, à la fin, pourtant,

---

[F]. Ni notre *action*, ni *le cours de notre vie ne sont notre œuvre*, mais *notre être et notre existence*, que personne ne considère comme tels, sont bien notre œuvre [10]. Car, sur le fondement de cela et des circonstances et événements extérieurs qui arrivent selon un rigoureux enchaînement causal, procèdent notre action et le cours de notre vie avec une nécessité parfaite. D'après cela, déjà dès la naissance de l'homme, le cours de sa vie tout entier est déterminé de manière irrévocable, jusque dans le détail, de telle sorte qu'une somnambule au très grand pouvoir pourrait le prédire exactement. Nous devrions garder devant les yeux cette vérité importante et certaine en examinant et en jugeant le cours de notre vie, nos actes et nos souffrances.

10. Au sujet de la liberté de l'être et de la nécessité de l'action chez Schopenhauer, et du rapport de ces thèses avec le caractère intelligible et le caractère empirique chez Kant, voir *Preisschrift über die Freiheit des Willens*, trad. fr. S. Reinach et D. Raymond dans *Essai sur le libre arbitre*, Rivage/ Poche, Payot, 2006, chap. V, particulièrement p. 161-163.

se montre un tout où l'on peut remarquer une certaine concordance... La main d'un destin déterminé se montre précisément, quelle que secrète que puisse être son action, qu'elle soit mue par une action extérieure ou par un mouvement intérieur : souvent même des raisons contradictoires vont dans sa direction. Quelqu'embrouillé que soit le cours de la vie, pourtant, raison et direction s'y manifestent toujours (Knebel, *Literarischer Nachlass*, 2ᵉ éd. 1840, vol. 3, p. 452)[11].

La conformité à un plan du cours de la vie de chacun, à laquelle nous faisons ici allusion, s'explique certainement en partie par l'immutabilité d'un caractère inné, et sa conséquence inflexible qui reconduit toujours l'homme dans la même voie. Chacun reconnaît ce qui convient le plus à son caractère d'une manière si immédiate et si sûre qu'il ne l'admet pas du tout dans sa conscience claire et réfléchie, mais il agit pourtant immédiatement et comme instinctivement d'après cela. En tant que ce genre de connaissance se transforme en action sans être parvenu jusqu'à la conscience claire, il est comparable aux *reflex motions* de Marshall Hall[12]. Grâce

11. Karl Ludwig von Knebel (1744-1834) fut à Weimar le précepteur du fils de la duchesse Amélie. Poète, il traduisit les œuvres de Properce et de Lucrèce. Le passage, incomplètement cité, est extrait du *Literarischer Nachlass und Briefwechsel* publié en 1835 à Leipzig par K.A. Varnhagen von Ense et Th. Mundt, t. III, 1836, 2ᵉ éd. 1840, vol. 3, p. 452. Il s'agit d'une note de son journal, datée du 30 décembre 1833, donc rédigée très peu de temps avant sa mort. Schopenhauer accorde une importance capitale à l'heure de la mort qui est pour lui l'heure du choix décisif (voir à ce sujet la fin de cet essai).

12. *On the reflex functions of the medulla oblongata and medulla spinalis in « Philosophical transactions »*, 1833. Marshall Hall (1790-1857), médecin et physiologue, fut l'un des fondateurs de la théorie du mouvement réflexe. Il mit en évidence l'exaltation des mouvements réflexes lors de la destruction des centres nerveux supérieurs dans *On the diseases and derangments of the nervous system* (1841).

à lui, tous, à moins qu'il ne leur soit fait violence de l'extérieur ou par l'effet de leurs propres idées fausses et de leur préjugés, poursuivent et saisissent ce qui leur convient individuellement, mais sans pouvoir s'en rendre compte. Ils ressemblent à la tortue couvée par le soleil dans le sable qui, une fois sortie de l'œuf, réussit aussitôt à prendre la bonne direction, bien qu'elle ne puisse pas voir l'eau. C'est donc là le compas intérieur, la traction secrète qui mène exactement chacun sur *le* chemin qui lui est seul convenable, chemin dont il n'aperçoit la direction régulière qu'après l'avoir parcouru. – Pourtant, cela peut sembler insuffisant en face de la puissante influence et de la grande force des circonstances extérieures : mais, à propos de cette objection, il n'est pas très croyable que ce qu'il y a de plus important au monde, la vie humaine, achetée au prix de tant d'actions, de tourments et de souffrances, devrait, malgré cela, tenir exclusivement du hasard l'autre moitié de sa direction, c'est-à-dire la moitié qui vient de l'extérieur, qu'elle la recevrait ainsi purement et simplement de la main du hasard effectivement aveugle, qui n'est rien du tout en lui-même et dépourvu de tout ordre. On est bien plutôt tenté de croire que – de même qu'il existe certains tableaux appelés Anamorphoses (Pouillet, [*Éléments de Physique expérimentale et de météorologie*] II, 171[13]) qui ne montrent que des

---

13. Claude Servais Mathias Pouillet, *Éléments de physique expérimentale et de météorologie*, Paris, Béchet-Jeune, 1847, t. II, livre VI, chap. I, p. 171, n. 375. La première édition date de 1827. Schopenhauer s'est référé à l'édition de 1847. L'anamorphose est un phénomène de réflexion par lequel une figure bizarre découpée dans un carton, selon certaines lois, devient une figure régulière lorsqu'elle est regardée à travers un miroir conique ou cylindrique. Dans l'édition de 1827, plus explicite et plus détaillée que celle de 1847, dans le tome II, 1re partie, livre 8, chap. 1, Pouillet présente l'explication physique suivante

difformités grimaçantes et mutilées à l'œil nu, mais, au contraire, des figures humaines normales si on les regarde à travers un miroir conique – de même, la compréhension purement empirique du cours du monde est comparable à cette vision du tableau à l'œil nu, et, au contraire, la poursuite de l'intention du destin à la vision dans le miroir conique, qui relie

du phénomène, accompagnée de deux croquis (figures 161 et 162) que nous avons également reproduits dans leurs grandes lignes :

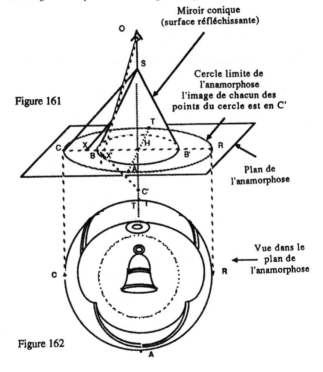

Figure 161

Miroir conique
(surface réfléchissante)

Cercle limite de
l'anamorphose
l'image de chacun des
points du cercle est en C'

Plan de
l'anamorphose

Vue dans le
plan de
l'anamorphose

Figure 162

et ordonne ce qui se trouve dispersé çà et là. Pourtant, il est toujours possible d'opposer à cette vue l'autre, selon laquelle l'enchaînement conforme à un plan que nous croyons vraiment saisir dans les événements de notre vie ne serait qu'un effet inconscient de notre imagination qui ordonne et schématise, un effet analogue à celui qui nous fait percevoir bien distinctement des figures et des groupes humains sur un mur sali, en imposant une relation d'ordre à des taches que le hasard le plus aveugle a dispersées. En attendant, on peut malgré tout supposer que ce qui est pour nous le bien et l'utile, au sens éminent et véritable du terme, ne peut pas du tout être ce qui fut seulement projeté sans être jamais réalisé, ce qui n'a donc jamais eu d'autre existence que dans notre pensée – les [« vains projets qui ne se réalisent jamais »] d'Arioste (*Roland*

« ... BSB', figure 161, est la coupe d'un miroir conique dont la surface latérale extérieure est très polie. On le pose par sa base en BHB', figure 162, au milieu d'un carton circulaire CART, sur lequel on dessine, suivant certaines lois, des figures bizarres que l'on appelle *anamorphoses*. L'œil placé en O, un peu au-dessus du sommet du cône, figure 161, aperçoit par réflexion une figure régulière résultant des traits déformés qui sont tracés sur le carton, par exemple, la figure 162 fait voir l'image régulière d'une clochette. Pour se rendre compte de cette espèce d'illusion, il suffit de remarquer que le point C par exemple, fig. 161 et 162, fera par réflexion son image en C', et que les points compris entre B et C feront leurs images sur les lignes BC'. Ainsi tous les points de la circonférence CART seront vus au seul point C', tandis que tous les points des circonférences plus intérieures seront vus sur des circonférences de plus en plus grandes jusqu'à la circonférence BHB' qui sera vue de sa grandeur ». L'analogie indiquée par Schopenhauer est belle et intéressante : le verre conique ou cylindrique serait la considération retrospective finale du tout de l'existence qui fait apparaître sa forme et son sens, jusqu'alors demeurés secrets. Un exemple très connu d'anamorphose, se trouve dans la « vanité » du premier plan du tableau d'Holbein le jeune, *Les ambassadeurs*, au musée de la *National Gallery* de Londres.

Furieux, XXXIV, 75 [14]) – ce dont nous déplorerions ensuite la mise en échec par le hasard, toute notre vie durant, mais c'est bien plutôt ce qui est réellement gravé dans le grand tableau de la réalité effective, et ce dont nous disons avec conviction après en avoir reconnu la finalité : [« Le destin l'a voulu »] [Ovide, *Fastes*, livre I, 481 [15]]. – Une unité du fortuit et du nécessaire qui se trouve au fondement le plus profond des choses devrait donc avoir pourvu d'une manière quelconque à la réalisation de ce qui est, en ce sens, finalisé. En vertu de cette unité, au cours de la vie humaine, la nécessité intérieure, qui se présente comme une tendance instinctive, puis la réflexion raisonnable et enfin l'influence extérieure des circonstances devraient œuvrer mutuellement de manière à faire apparaître cette vie une fois complètement achevée, comme une œuvre d'art bien accompli, parfaite, bien que auparavant, lorsqu'elle était encore en devenir, elle ne laissât souvent reconnaître en elle ni plan ni but, comme toutes les œuvres d'art seulement ébauchées. Mais celui qui examinerait de près avec exactitude le cours d'une vie aussitôt après son accomplissement, l'admirerait comme l'œuvre de la prévoyance, de la sagesse et de la persévérance les plus réfléchies. Cependant l'importance de cette vie dans son ensemble devrait varier selon que le sujet en était ordinaire ou extraordinaire. De ce point de vue, on

14. Ludovic Arioste, *Roland furieux*, trad. fr. C. Hippeau, présentation I. Calvino, Paris, Flammarion, 1982, chant XXXIV, 75, p. 286. En italien dans le texte : *Vani disegni che non han mai loco*. Le passage cité par Schopenhauer décrit un espace lunaire où se trouve rassemblé tout ce qui se perd sur la terre, principalement les désirs.

15. En latin dans le texte : *Sic erat in fatis...* Ovide, *Fastes*, livre I, 481, texte, traduction et commentaire H. Le Bonniec, Paris, PUF, 1961. Dans le poème, Carmentis console ainsi son fils Evandre chassé d'Arcadie pour avoir fait des prédictions trop véridiques.

pourrait concevoir la pensée tout à fait transcendante que le fondement de ce «*mundus phaenomenon*» [monde phénoménal], dans lequel règne le hasard, soit un «*mundus intelligibilis*» [monde intelligible], général et partout présent, qui gouverne même le hasard. – La nature, certes, fait tout seulement pour le genre et ne fait rien seulement pour l'individu, parce que celui-là est tout pour elle, et celui-ci rien. Seulement, ce que nous supposons là comme agissant ne serait pas la nature, mais quelque chose de métaphysique qui se trouve au-delà de la nature, qui existe entier et indivisé en chaque individu, pour lequel donc tout ceci vaut.

Certes, pour mettre cette affaire au clair, on devrait vraiment répondre préalablement aux questions suivantes : est-il possible qu'il y ait un désaccord total entre le caractère et le destin d'un homme ? – Ou alors, considéré pour l'essentiel, chaque destin s'accorde-t-il avec chaque caractère ? – Ou bien enfin, une nécessité secrète, inconcevable, comparable à l'auteur d'un drame [16] agence-t-elle toujours les deux en les accordant l'un à l'autre ? – Mais, justement sur ce point nous ne sommes pas dans la clarté.

En attendant, nous croyons être, à tout instant, maîtres de nos actions [17]. Seulement, en regardant rétrospectivement le

---

16. Pour comprendre l'importance de ces recours à l'esthétique, il faut considérer cette difficulté fondamentale de la philosophie de Schopenhauer, qu'ils tentent de lever. Si l'espace et le temps sont les seuls principes d'individuation comme il tend à l'admettre, comment l'individu peut-il avoir un destin personnel (à ce sujet, voir A. Philonenko, *Schopenhauer, une philosophie de la tragédie*, Paris, Vrin, 1980, § 15 et 40) ? Cette difficulté traverse tout cet essai dont la conclusion redonne une dignité métaphysique à l'individu.

17. Schopenhauer a souvent dénoncé l'illusion du libre arbitre : *Essai sur le libre arbitre* (*op. cit.*, n. 10), chap. II, p. 37-55. Le regard rétrospectif, seul, nous apprend à connaître notre caractère et la détermination qu'il impose.

chemin de la vie parcouru, et surtout en considérant nos faux-pas avec leurs conséquences, nous ne comprenons souvent pas comment nous avons pu faire ceci ou négliger cela, de sorte qu'il semble qu'une puissance étrangère ait dirigé nos pas. C'est pourquoi Shakespeare dit :

> *Fate, show thy force : ourselves we do not owe ;*
> *what is decreed must be, and be this so !*
>
> («Maintenant, ô destin, tu peux montrer ta force. Il faut que ce qui doit être s'accomplisse, et nous ne nous possédons pas nous-mêmes ! »).
>
> (*La Nuit des rois*, acte I, scène 5) [18].

Les Anciens ne se lassent jamais de souligner, en vers ou en prose, la toute-puissance du destin, en indiquant par là l'impuissance de l'homme en face de lui. On voit partout qu'ils sont pénétrés de cette conviction en pressentant un enchaînement des choses mystérieux et plus profond que l'enchaînement clairement empirique (voyez les *Dialogues des morts* de Lucien, XIX et XXX [19] ; Hérodote [*Histoires*] livre I,

---

18. La traduction ici présentée par Schopenhauer n'est pas littérale. Qu'on la compare avec : « Destin, montre ta force, nous ne nous possédons pas nous-mêmes ; ce qui est décrété doit s'accomplir… et qu'il en soit ainsi ! », Shakespeare, *La nuit des Rois*, intro., trad. fr. et notes F. Carrère et C. Chemin, Paris, Aubier-Montaigne, 1980, acte I, scène 5, p. 119.

19. Lucien de Samosate, *Œuvres complètes*, trad. fr. E. Chambry, Paris, Garnier, 1934, t. I, *Dialogue des morts*, chap. XIX et XXX. Au chap. XXX, 2, Sostratos interroge Minos en ces termes : « Est-ce que les gens de bien et nous qui passions pour criminels, nous n'agissions pas en serviteurs de la Moire ? », Minos répond : « Oui, de Clôtho qui a enjoint à chacun dès sa naissance ce qu'il avait à faire ». Sostratos fait alors observer que si les hommes ne sont pas maîtres de résister au destin, ils ne sauraient être punis ou récompensés.

chap. 91 et livre IX, chap. 16[20]). C'est pourquoi il y a chez les Grecs de nombreuses appellations de ce concept : πότμος [le sort], αἶσα [l'arrêt], εἱμαρμένη [le destin], πεπρωμένη [l'arrêt du destin], μοῖρα [la part], Ἀδράστεια [l'Inévitable], et peut-être d'autres encore. Le mot πρόνοια [Providence], au contraire, déplace le concept de la chose parce qu'il provient du νοῦς [esprit], qui est secondaire : à vrai dire, par là, il devient clair et compréhensible, mais aussi superficiel et faux[H]. Goethe aussi déclare, dans *Goetz de Berlichingen*

H. Les Anciens étaient remplis et pénétrés du concept d'un destin (εἱμαρμένη, *fatum*) tout-puissant, à un point extraordinaire : non seulement les poètes, surtout les tragiques, en témoignent, mais aussi les philosophes et les historiens. À l'époque chrétienne, ce concept est passé à l'arrière-plan, et devenu moins actif, parce qu'il a été refoulé par celui de Providence (πρόνοια), qui suppose une origine intellectuelle, et, comme il provient d'un être personnel, il n'est pas aussi inflexible ni aussi immuable, ni enfin conçu avec autant de profondeur et de mystère : il ne peut donc pas remplacer le destin ; il lui a bien plutôt adressé le reproche de manque de foi.

20. Hérodote, *Histoires* (*op. cit.*, n. 6), livre I, chap. 91, p. 91-92. « Échapper à la destinée est chose impossible, même pour un dieu » répond la Pythie à la question de Crésus qui, devenu prisonnier de Cyrus, faisait demander à Apollon s'il ne rougissait pas de l'avoir incité à attaquer Cyrus, par son oracle équivoque, en particulier par celui qui lui annonçait qu'une telle attaque entraînerait la chute d'un grand empire sans préciser de quel empire il s'agissait. La Pythie ajoute qu'Apollon a obtenu seulement un moratoire du destin en faveur de Crésus. Hérodote, *op. cit.*, livre IX, chap. 16, p. 19-20. Au cours de la deuxième guerre médique, un Perse annonce à l'avance la défaite de Platées : « Ce que je viens de dire, beaucoup de Perses le savent ; et nous suivons enchaînés par la nécessité. Cest la pire souffrance en ce monde d'avoir beaucoup de sagesse et point d'autorité ». Schopenhauer voyait sans doute dans cette parole une confirmation possible de l'indépendance relative du monde de la représentation par rapport à la volonté aveugle, indépendance qui condamne souvent le penseur à la situation de spectateur passif.

(acte V)[21] : « Les hommes ne se mènent pas eux-mêmes ; nous sommes au pouvoir d'esprits malfaisants qui exercent en nous perdant leurs caprices infernaux ». Dans *Egmont* aussi (acte V, dernière scène)[22] : « L'homme croit diriger sa vie, se conduire lui-même, et son être le plus intime est irrésistiblement à la remorque de son destin ». Certes, le prophète Jérémie a déjà dit : « La voie des humains n'est pas en leur pouvoir et il n'est pas donné à l'homme qui marche de diriger ses pas » (10, 23)[23]. Tout cela repose sur le fait que nos actions sont le produit nécessaire de deux facteurs, dont l'un, notre caractère, reste invariablement fixé, mais nous ne le reconnaissons qu'*a posteriori*, donc progressivement ; l'autre facteur, ce sont les motifs[24]. Ceux-ci sont placés à l'extérieur de nous ; nécessairement occasionnés par le cours du monde, ils déterminent le caractère donné, dont la nature est supposée fixe, avec une nécessité comparable à celle d'une mécanique. Or le moi qui

21. Goethe, *Goetz de Berlichingen*, trad. fr. P. Doll, Paris, Aubier-Montaigne, 1932, acte V, p. 127. Avant de mourir empoisonné par sa femme, Weislingen est pris de remords vis à vis de Goetz qu'il a trahi et il lui adresse les paroles citées. Ayant ainsi reconnu la toute-puissance du destin, sa dernière action sera de déchirer l'arrêt de mort porté contre Goetz. Au sujet de ce choix final, voir les dernières lignes de cet essai.

22. Goethe, *Egmont*, trad. fr. A. Vulliod, Paris, Aubier-Montaigne, 1932, acte V, scène 7, p. 107. Tragédie où le destin joue un grand rôle (10 citations). Egmont condamné à mort, après s'être révolté contre cette condamnation, accepte enfin de mourir en reconnaissant que l'homme ne dirige pas ses actes. Là aussi, le choix final d'une attitude dépend de la considération rétrospective de tous les actes de la vie.

23. Ancien Testament, *Jérémie* 10, 23. La même référence figure également dans *Essai sur le libre arbitre* (*op. cit.*, n. 10), chap. IV, p. 113 *sq.*

24. Voir *Essai sur le libre arbitre* (*op. cit.*, n. 10), chap. III, p. 63 *sq.*, au sujet de la motivation, comme troisième forme du principe de causalité. Pour le caractère invariable comme nature individuelle de la volonté, *op. cit.*, fin du chap. III.

juge ce cours ainsi enchaîné est le sujet de la connaissance, en tant que tel étranger au caractère et aux motifs, seulement spectateur critique de leur action. Il lui est alors possible de s'étonner de temps en temps [25].

Mais si l'on a adopté une fois le point de vue de ce fatalisme transcendant, et examiné une vie individuelle dans cette perspective, on aura alors quelquefois devant les yeux le plus étonnant des spectacles, celui du contraste entre le caractère fortuit, manifeste, physique d'un événement et sa nécessité morale et métaphysique, laquelle ne peut jamais être démontrée, mais plutôt seulement imaginée. Pour illustrer cela par un exemple bien connu qui est en même temps propre à servir de modèle de la chose en raison de son éclat, qu'on examine « La marche à la forge » de Schiller [26]. Car on voit

---

25. L'étonnement devant l'enchaînement nécessaire des actions à partir des motifs suppose la relative indépendance des représentations par rapport à la volonté.

26. Schiller, *Ballades*, intro., trad. fr. et notes L. Mis, Paris, Aubier-Montaigne, 1944, p. 90-91. Fridolin est le serviteur empressé de la comtesse de Saverne. Un jaloux, Robert, réussit à convaincre le comte que Fridolin aime la comtesse. Le Comte, furieux, ordonne à ses forgerons de précipiter dans la fournaise le premier qui viendra leur demander si les ordres du Comte ont été exécutés ; il commande ensuite à Fridolin de se rendre à la forge pour y poser cette question. Avant de partir, Fridolin prend les ordres de la comtesse qui lui demande d'aller dire une prière à l'église à sa place. Comme Fridolin arrive à l'église, les cloches sonnent la messe, et, l'enfant de chœur faisant défaut, lui-même sert la messe. Ensuite, il se rend à la forge et s'acquitte de sa mission : on lui répond que les ordres du Comte ont été exécutés. Lorsqu'il rapporte la réponse au Comte, celui-ci, stupéfait, lui demande la raison de son retard. Or, Robert s'était hâté d'aller à la forge s'enquérir du sort de Fridolin, avant l'arrivée de ce dernier, et il avait été jeté dans la fournaise par les forgerons qui croyaient exécuter les ordres du Comte. L'innocence de Fridolin est alors révélée au Comte.

ici que le retard pris par Fridolin en servant la messe est tout
à fait fortuit, mais d'autre part, il est aussi pour lui de la plus
haute importance et de la plus grande nécessité. Chacun
pourra peut-être, par une réflexion pertinente, trouver des cas
analogues dans le cours de sa propre vie, même s'ils ne sont
pas aussi importants ni aussi bien caractérisés. Beaucoup
de personnes seront même par là incitées à admettre qu'*une
puissance secrète et inexplicable* mène tous les tours et
détours du cours de notre vie, bien souvent certes, en opposition avec notre dessein du moment, mais pourtant comme il
convient à la totalité objective et à la finalité subjective de
notre vie, donc en faveur de notre véritable bien propre : par
conséquent, nous reconnaissons souvent après coup que
c'était folie de nourrir des désirs en sens contraire : [«les
destins conduisent une volonté docile; ils entraînent celle qui
résiste»] (Sénèque, *Lettres* [*à Lucilius*], 107 [II][27]). Une telle
puissance, traversant toutes choses par un fil invisible, devrait
relier aussi celles que la chaîne causale laisse tout à fait
indépendantes les unes des autres, de telle sorte qu'elles se
rencontrassent au moment exigé. Elle gouvernerait donc les
événements de la vie réelle aussi complètement que l'auteur
ceux de son drame : mais hasard et erreur, en tant que leur
intervention perturbe d'abord immédiatement le cours des
choses régulier et causal, seraient les simples instruments de sa
main invisible.

Ce qui, plus que tout, nous pousse à accepter hardiment
une telle puissance, née de l'unité de la racine profondément
enfouie de la nécessité et du hasard, puissance insondable,

---

27. En latin dans le texte : *Ducunt volentem fata, nolentem trahunt*,
Sénèque, *Lettres à Lucilius*, F. Préchac (éd.), trad. fr. H. Noblot, Paris, Les
Belles Lettres, 1971, t. IV, livres XVII et XVIII, épître 107, § 11, p. 177.

c'est la considération suivante : l'*individualité* déterminée et si particulière de chaque homme, au point de vue physique, moral et intellectuel, qui est pour lui tout dans tout, et qui doit donc être née de la plus haute nécessité métaphysique, se donne d'autre part (comme je l'ai démontré dans mon œuvre maîtresse, vol. 2, chap. 43[28]), comme le résultat nécessaire du caractère moral du père et de la capacité intellectuelle de la mère, et de la « corporisation » totale des deux. Or l'union des parents a généralement été occasionnée par des circonstances apparemment fortuites[29]. Ici donc, l'exigence ou plutôt le postulat métaphysique et moral d'une unité ultime de la nécessité et du hasard s'impose irrésistiblement à nous. Pourtant, je considère comme impossible d'obtenir un concept clair de cette racine unique des deux : on peut seulement dire à son sujet qu'elle pourrait être à la fois ce que les Anciens appelèrent destin (εἱμαρμένη, πεπρωμένη, *fatum*), ce qu'ils entendaient par le génie guidant chaque individu, mais aussi, et non moins, ce que les Chrétiens vénèrent comme Providence (πρόνοια). Certes, les trois se distinguent en ce que le *fatum* est conçu comme aveugle, les deux autres comme clairvoyants :

28. *Le Monde*, suppléments au livre IV, chap. XLIII, « Hérédité des qualités », p. 1268-1285 (particulièrement p. 1274) et *SW*, t. II, p. 660-678 (particulièrement p. 667).

29. Voir *Le Monde*, supplément au livre IV, chap. XLIV, *Métaphysique de l'amour*. On sait que Schopenhauer accorde l'existence d'un pressentiment instinctif des individualités futures qui résulteront de l'union sexuelle. Ce pressentiment instinctif serait la vraie et l'unique raison de l'inclination amoureuse qui « ... n'a en vue que la procréation d'un individu de nature déterminée » (p. 1290). Et « la passion toute spéciale et individuelle de deux amants n'est pas plus inexplicable que l'individualité spéciale et exclusive propre à chaque homme ; au fond les deux phénomènes n'en font qu'un » (p. 1291).

mais cette distinction anthropomorphique disparaît et perd toute signification dans l'essence métaphysique des choses, profondément intérieure, en laquelle seule nous devons chercher la racine de cette unité inexplicable du fortuit et du nécessaire, qui se présente comme la directrice secrète de toutes les choses humaines.

La représentation d'un *génie*, accompagnant chaque individu et conduisant sa vie doit être d'origine étrusque; elle était en tout cas communément répandue chez les Anciens. L'essentiel de l'idée est contenu dans un vers de Ménandre, que Plutarque (*De la tranquillité de l'âme*, chap. 15 [p. 474B]), aussi *Stobée*, *Eclogae* [*physicae et ethicae*], livre I, chap. 6, § 4, et Clément d'Alexandrie, *Stromates*, livre V, chap. 14, nous ont conservé: Ἅπαντι δαίμων ἀνδρὶ συμπαραστατεῖ / Εὐθὺς, γενομένων, μυσταγωγὸς τοῦ βίου / Ἀγαθός (*Hominen unumquemque, simul in lucem est editus, sectatur Genius, vitae qui auspicium facit, bonus nimirum*[30]).

30. « Aux côtés de tout homme, un génie s'est placé / Qui va dès le berceau, l'initier à la vie / Parfaitement »: Plutarque, *Œuvres morales*, trad. fr. J. Dumortier et J. Defradas, Paris, Les Belles Lettres, 1975, t. VII, 1re partie, chap. 15, 474 B. Le vers de Ménandre est cité par Plutarque, à propos des biens et des maux. Joannis Stobaei, *Eclogarum Physicarum et ethicarum libri duo*, avec annotations et version latine, éd. Heeren, Gottingae, 1792, t. I, chap. VI, § 4, p. 169 (dans une édition plus récente, *Anthologium*, Curtius Wachsmuth, Berolini chez Weidmann, Berlin, 1958, vol. I, chap. V, § 4, p. 75). Le chapitre en question traite du destin et de l'ordre des phénomènes. Clément d'Alexandrie, *Stromates V*, trad. fr. P. Vouillet, Paris, Le Cerf, 1981, t. I, chap. XIV, 130, 3 et 4. Clément d'Alexandrie, en citant le vers de Ménandre sur le génie, veut montrer que les poètes et les philosophes païens expriment sous une forme allégorique les vérités fondamentales du christianisme.

Platon, à la fin de *La République* (livre X [620d-e]), décrit comment chaque âme, avant sa nouvelle renaissance, se choisit une destinée, avec la personnalité appropriée à elle, et il dit ensuite :

Ἐπειδὴ δ'οὖν πάσας τὰς ψυχὰς τοὺς βίους ᾑρῆσθαι, ὥσπερ ἔλαχον, ἐν τάξει προσιέναι πρὸς τὴν Λάχεσιν, ἐκείνην δ'ἑκάστῳ, ὃν εἵλετο δαίμονα, τοῦτον φύλακα ξυμπέμπειν τοῦ βίου καὶ ἀποπληρωτὴν τῶν αἱρεθέντων[31].

Sur ce passage, Porphyre a fourni un commentaire tout à fait digne d'être lu, et Stobée nous l'a conservé dans *Eclogae* [*Physicae et*] *ethicae*, livre II, chap. 8, § 37 (vol. 3, p. 368 *sq.*, particulièrement p. 376[32]). Mais, auparavant, Platon [617e] avait dit à ce sujet : Οὐχ ὑμᾶς δαίμων λήξεται, ἀλλ'ὑμεῖς δαίμονα αἱρήσεσθε · πρῶτος δὲ ὁ λαχὼν (le sort, ce qui

---

31. Platon, *La République*, Paris, Les Belles Lettres, 1973, trad. fr. E. Chambry, livre X, 620 d-e : « Quand toutes les âmes eurent choisi leur condition, elles se dirigèrent vers Lachésis dans l'ordre où elles avaient tiré leur lot. Celle-ci donna à chacune le génie qu'elle avait préféré, afin qu'il lui servît de gardien dans la vie et lui fît remplir la destinée qu'elle avait choisie ». *La République*, livre X, 617e : « Ce n'est pas un génie qui vous tirera au sort, c'est vous qui allez choisir votre génie. Le premier que le sort aura désigné choisira le premier la vie à laquelle il sera lié par nécessité ».

32. Stobée, *op. cit.* [n. 30], t. II, livre II, chap. 8, § 37, p. 367-379 (particulièrement p. 376), et *Anthologium* de C. Waschsmuth, vol. II, chap. VIII, § 39, p. 163-167. À la page 376 (*Gottingae*), Porphyre, après avoir souligné que les âmes les premières à choisir étaient libérées de leur corps, parle du Génie qui accompagne les âmes. Sa fonction essentielle est d'obliger les âmes à persévérer dans la vie choisie, que la nécessité a ratifiée et que les Parques, par leur tissage, vont transformer en destin. Ce destin doit durer tout le temps de la vie. Schopenhauer s'accorde avec Porphyre sur la grandeur du contraste entre la liberté originelle et l'immutabilité du destin, conséquence de l'acte du choix.

détermine seulement l'ordre du choix) πρῶτος αἱρείσθω βίον, ᾧ συνέσται ἐξ ἀνάγκης.

Horace exprime très bien la chose :

> *Scit genius, natale comes qui temperat astrum*
> *Naturae deus humanae mortalis in unum*
> *Quodque caput vultu mutabilis, albus et ater.*
> *Épîtres*, livre II, épître II, v. 187[-190][33].

On trouve en effet sur ce *génie* un passage digne d'être lu chez Apulée, *Du dieu de Socrate* (p. 236, 238, ed. Bipontini)[34]. Jamblique consacre à ce sujet un chapitre court, mais important de *Les Mystères de l'Égypte*, livre IX, chap. 6 : le démon personnel[35]. Mais, le passage de Proclus, dans son *In Platonis Alcibiadem Commentarii* (p. 77, éd. Creuzer) est encore plus remarquable : Ὁ γὰρ πᾶσαν ἡμῶν τὴν ζωὴν ἰθύνων καὶ τάς τε αἱρέσεις ἡμῶν ἀποπληρῶν τὰς πρὸ τῆς γενέσεως καὶ τὰς τῆς εἱμαρμένης δόσεις καὶ τῶν μοιρηγενετῶν θεῶν, ἔτι δὲ

33. Horace, *Épîtres*, trad. fr. F. de Villeneuve, Paris, Les Belles Lettres, 1978, livre II, épître II, vers 187-190 : « Le Génie le sait, ce compagnon qui règle l'action de notre astre natal, ce dieu de l'humaine nature, mortel avec chaque individu, au visage changeant, tour à tour blanc et noir ». Horace invoque ici le génie pour rendre compte de la diversité des attitudes des hommes, les uns soucieux de richesses, les autres non.

34. Lucius Apuleius, *Opera, Studiis Societatis Bipontinae, Marcus Aurelius Antoninus, volumen secundum*, 1788, *Liber de deo Socratis*, p. 236-238. Dans l'édition moderne : Apulée, *Opuscules philosophiques*, trad. fr. J. Beaujeu, Paris, Les Belles Lettres, 1973, *Du dieu de Socrate*, § XIV-XVII.

35. Jamblique, *Les Mystères de l'Égypte*, trad. fr. Ed. des Places, Paris, Les Belles Lettres, 1966, livre IX, chap. 6. Dans le livre IX, il parle du démon personnel unique pour chaque homme et le juge compatible avec la fatalité. Au chapitre 6, il souligne la provenance cosmique de ce démon individuel qui fait entrer l'âme qui l'a choisi dans le devenir. Le démon gouverne tout l'individu, même son intellect : « Nous faisons ce qu'il nous met dans l'intellect ».

τὰς ἐκ τῆς προνοίας ἐλλάμψεις χορηγῶν καὶ παραμετρῶν, οὗτος ὁ δαίμων ἐστί κ. τ. λ. [36]. Théophraste Paracelse a saisi la même pensée de façon extrêmement profonde quand il dit :

Pour que le *fatum* soit bien connu, il faut donc que chaque homme ait un esprit qui réside à l'extérieur [de] lui et qui ait son siège dans les étoiles supérieures. Cet esprit se sert des bosses [*Bossen*][F] de son maître : c'est lui qui lui montre les *praesagia*, et les lui répète ; car ils lui survivent. Ces esprits s'appellent « *Fatum* » (Théophraste, *Œuvres*, Strasbourg, 1603, folio, t. 2, p. 36[37]).

Il est remarquable que précisément cette pensée se trouve déjà chez Plutarque, quand il dit que, outre la partie de l'âme humaine enfoncée dans le corps terrestre, une autre partie plus

F. « types », « proéminences », « bosses », de l'italien *bozza, abozzare, abbozzo* [épreuve, ébaucher, ébauche], de là le mot « *bossieren* » [modeler] et le français « bosse ».

36. Procli Diadochi et Olympiodori, *In Platonis Alcibiadem Commentarii*, F. Creuzer (éd.), Francofurti ad Moenum, 1820, Partie I, *In Platonis Alcibiadem Priorem Commentarii*, p. 77. Dans l'édition critique moderne : Proclus Diadochus, *Commentary on the first Alcibiades of Plato*, L.G. Westerink (éd.), Amsterdam, 1954, p. 34 (il existe une traduction anglaise d'après cette édition critique : Proclus, *Alcibiades I – A translation and commentary by William O'Neill*, The Hague, Martinus, 2ᵉ éd. 1971, p. 51). Nous traduisons : « Celui qui dirige en droite ligne notre vie entière, qui accomplit à la fois les choix que nous avons faits avant notre naissance, les dons accordés par le destin et par les divinités qui dirigent le destin, et qui, de plus, orchestre et règle les illuminations de la Providence, c'est le démon ». Dans ce passage, Proclus met l'accent sur le fait que le démon dirige à la fois l'âme et le corps. Se référant à Platon, il différencie nettement le génie de l'intellect.

37. Aureoli Philippi Theophrasti Bombast's von Hohenheim Paracelsi, *Opera*, par Huserum, L. Zesner (éd.), Strasbourg, 1603, folio, t. II, livre II, *De Generationibus et fructibus elementorum, De fati Impressionibus*, § I C, p. 36.

pure, extérieure à la première, demeure flottante au-dessus de la tête de l'homme; elle se présente comme une étoile et on l'appelle à bon droit son démon, son génie, celui qui gouverne l'homme et que le plus sage suit volontiers. Le passage est trop long pour être retranscrit, il se trouve au chap. 22 [591e] du *Démon de Socrate*. La phrase principale est celle-ci : Τὸ μὲν οὖν ὑποβρύχιον ἐν τῷ σώματι φερόμενον Ψυχὴ λέγεται · τὸ δὲ φθορᾶς λειφθὲν οἱ πολλοὶ Νοῦν καλοῦντες ἐντὸς εἶναι νομίζουσιν αὐτων · οἱ δὲ ὀρθῶς ὑπονοοῦντες ὡς ἐκτὸς ὄντα Δαίμονα προσαγορεύουσι [38]. Je remarque en passant que le christianisme, qui, comme on sait, transformait volontiers en diables les dieux et les démons de tous les païens, semble avoir fait de ce *génie* des Anciens le *spiritus familiaris* [l'esprit familier] des savants et des magiciens. – La représentation chrétienne de la Providence est trop connue pour qu'il soit utile de s'y arrêter. – Cependant, il n'y a dans tout cela que des appréhensions imagées et allégoriques de la chose dont nous parlons; car généralement, il ne nous est pas accordé de saisir les vérités les plus profondes et les plus cachées autrement que par images et par symboles.

À la vérité, pourtant, cette puissance cachée, qui dirige même les influences extérieures, ne peut en définitive prendre

---

38. Plutarque, *Œuvres morales*, édition et trad. fr. J. Hani, Paris, Les Belles Lettres, 1980, t. VIII, *Le démon de Socrate*, chap. 22, 591e : « La partie de l'être immergée dans le corps qui l'entraîne, s'appelle *âme*, la partie inaccessible à la corruption est appelée *esprit* par le commun des hommes qui croient que cet élément se trouve à l'intérieur d'eux-mêmes (…) mais les gens qui pensent juste sentent qu'il est extérieur à l'homme et l'appellent *démon* ». Schopenhauer n'a pas retranscrit toute la citation; la partie supprimée est celle-ci : « … comme on croit dans les miroirs les objets qui s'y reflètent ». Le démon personnel et la personne ne s'identifient pas complètement, puisque à chaque réincarnation, la personne reçoit un nouveau démon.

sa racine que dans notre propre intérieur, mystérieux, car l'A et l'Ω de toute existence est bien en définitive en nous-mêmes. Mais, même dans le cas le plus heureux, nous ne pouvons voir quelque peu et de très loin la simple possibilité de la chose que par un nouveau recours aux analogies et aux symboles.

Or, la *téléologie de la nature*, en présentant l'arrivée de quelque chose conformément à une fin, sans connaissance de cette fin[39], particulièrement là où la finalité extérieure se manifeste, c'est-à-dire celle qu'on trouve entre des être différents, même d'un genre différent, jusque dans l'état inorganique, nous montre l'analogie la plus proche du gouvernement de cette puissance. Le bois flottant offre un exemple frappant de ce genre, parce qu'il est apporté en abondance par l'océan, justement aux terres polaires dépourvues d'arbres. La situation géographique en fournit un autre : l'étendue de la terre ferme de notre planète se trouve tout à fait déportée du côté du Pôle Nord dont l'hiver est, pour des raisons astronomiques, de huit jours plus court que celui du Pôle Sud et, par conséquent, beaucoup plus doux. Pourtant, la finalité interne aussi, elle qui se fait connaître indubitablement dans un organisme isolé, cette concordance médiatrice surprenante de la technique de la nature avec son simple mécanisme, celle du *nexus finalis* [lien final] avec le *nexus effectivus* [lien causal] (à ce sujet, je renvoie à mon œuvre principale, t. II, chap. 26, p. 334-339[40]), fait apercevoir, par analogie, comment ce qui provient de points

---

39. La téléologie est acceptée par Schopenhauer, en tant qu'elle représente les êtres naturels comme l'œuvre de la Volonté, mais cette Volonté étant aveugle, il n'y a pas préexistence de fin connue.

40. *SW*, t. II, p. 423-442 et *Le Monde*, supplément au livre II, chap. XXVI, De la téléologie, p. 1050-1067 (particulièrement p. 1060 où l'exemple des terres du pôle Nord est analysé en termes de causalité et de finalité).

différents même éloignés, ce qui paraît étranger conspire malgré cela vers un but final et s'y rencontre exactement, sans être guidé par la connaissance, mais par une nécessité supérieure précédant toute possibilité de connaissance. – En allant plus loin, si l'on se représente la théorie de la formation de notre système planétaire établie par Kant et plus tard par Laplace[41], théorie dont la probabilité confine à la certitude, et si l'on s'engage dans des considérations comme celles que j'ai notées dans mon ouvrage principal (t. II, chap. 25, p. 324[42]), si donc l'on médite comment ce monde planétaire bien ordonné, admirable, a dû naître, en définitive, du jeu des forces naturelles aveugles suivant leurs lois immuables, on tirera alors de là une analogie qui peut permettre de voir, en général et de loin, la possibilité que même le cours de la vie individuelle soit, lui aussi, réglé par un plan comme il convient au bien véritable et ultime de la personne, à partir d'événements qui sont le jeu souvent si capricieux du hasard aveugle[H]. En

---

H. Αὐτόματα γὰρ τὰ πράγματ᾽ἐπὶ τὸ συμφέρον · Ῥεῖ, κᾂν καθεύδῃς ἤ πάλιν τἀναντία (Ménandre dans Stobée, *Florilegium*, vol. 1, [p. 416 et 417[43]].

41. A. Philonenko, dans son ouvrage sur Schopenhauer, *op. cit.* [n. 16], § 26, p. 101-102, signale que Schopenhauer fut un des premiers à relever l'analogie des hypothèses de Kant et de Laplace.

42. *SW*, t. II, p. 418, et *Le Monde*, suppléments au livre II, chap. XXV, p. 1045-1047. La finalité, en tant que mode de représentation, demeure liée à notre connaissance cérébrale, autant que la causalité. Seule une connaissance *transcendante* pourrait donc saisir leur *unité*, qui est la volonté. À défaut de cette connaissance, Schopenhauer a recours aux analogies.

43. Joannis Stobaei, *Florilegium*, Thomas Gaisford, Oxonii, 3ᵉ éd. 1822, vol. 1, *titulus* XXII, p. 416 et 417, et vol. 4 (*redditus ab Hugone Gratio*), *titulus* XXII, p. 68. Nous traduisons : « Car, même si tu dors, les choses qui vont

supposant cela, le dogme de la *Providence*, en raison de son caractère tout à fait anthropomorphique, ne pourrait assurément valoir comme vrai immédiatement et *sensu proprio*, mais il serait bien l'expression médiate, allégorique et mythique d'une vérité, et, comme tous les mythes religieux, suffirait donc pleinement à l'utilité pratique et à la consolation subjective, au sens où la théologie morale de Kant, par exemple, doit elle aussi, être comprise comme un simple schéma d'orientation, partant comme une allégorie – ainsi, en *un* mot, ce dogme ne serait assurément pas vrai, mais tout aussi bon que s'il l'était. En effet, dans ces forces obscures et aveugles de la nature dont le jeu réciproque fait naître le système planétaire, la Volonté de vivre, qui entrera en scène par la suite dans les phénomènes du monde les plus parfaits, est déjà même l'acteur et le directeur interne, et, déjà présente, tendant vers son but au moyen de lois naturelles rigoureuses, elle prépare les fondations de la construction du monde et de son ordre, tandis que, par exemple, le choc ou l'ébranlement le plus fortuit détermine pour toujours l'inclinaison de l'écliptique et la vitesse de rotation, et que le résultat final doit être la présentation de son essence totale, parce que cette essence est déjà à l'œuvre dans ces forces originelles elles-mêmes. Or, d'une manière analogue, tous les événements qui déterminent les actions d'un homme avec la chaîne causale qui les a occasionnés, ne sont aussi pourtant que l'objectivation de la même volonté qui se présente aussi dans cet homme lui-même. À partir de là, on peut entrevoir, même si c'est seulement à travers un nuage, que les événements doivent s'accorder et

d'elles-mêmes évoluent favorablement comme défavorablement ». Dans l'édition de 1855 (Lipsiae, A. Heineke), vol. I, p. 36, § 9.

convenir aux buts très particuliers de cet homme, en ce sens qu'ils forment alors cette secrète puissance qui dirige le destin de l'individu, et qui est figurée allégoriquement comme son génie ou sa Providence. Mais, d'un point de vue purement objectif, il demeure que la relation causale, générale, qui embrasse tout sans exception – en vertu de laquelle tout ce qui se produit arrive avec une nécessité absolue et rigoureuse – laquelle remplace le gouvernement du monde seulement mythique, a bien le droit de porter le même nom.

La considération générale suivante peut nous rapprocher de cela. « Fortuit » signifie la rencontre dans le temps de ce qui n'est pas lié par une relation causale. Mais alors il n'y a rien d'*absolument* fortuit ; même ce qui est le plus fortuit est seulement quelque chose de nécessaire, survenant par un chemin plus lointain, lorsque des causes bien arrêtées, plus haut placées dans la chaîne causale, ont déjà depuis longtemps déterminé nécessairement que cela devait arriver justement maintenant, donc coïncider avec l'autre chose. Car chaque événement est le maillon isolé d'une chaîne de causes et d'effets qui avance au fil du temps. Mais, en vertu de l'espace, il y a un nombre incalculable de telles chaînes, les unes à côté des autres. Néanmoins, ces chaînes ne sont pas entièrement étrangères les unes aux autres, ni dépourvues de tout lien, mais elles sont bien plutôt entrelacées de multiples façons : par exemple, plusieurs causes agissant maintenant simultanément, dont chacune produit un effet différent, sont nées d'une cause commune plus haut placée, et se trouvent donc apparentées entre elles, comme les arrière-petits-enfants à leur aïeule ; et, d'autre part, pour qu'un effet isolé se produise actuellement, il faut souvent la rencontre de beaucoup de causes différentes, qui proviennent du passé, chacune comme maillon de sa propre chaîne. D'après cela, toutes ces chaînes causales, avançant au fil du temps, forment un grand réseau commun entortillé de multiples façons qui, lui aussi, se meut de toute son ampleur dans la direction du temps, et même décide du cours du monde. Si maintenant nous nous figurons ces chaînes causales isolées comme des méridiens situés dans la direction du temps, nous pouvons alors partout indiquer au moyen de cercles parallèles ce qui est simultané, et qui pour cette raison justement, ne se tient pas dans une relation causale directe[44]. Alors, bien que ce qui se trouve placé sur le même cercle parallèle ne soit pas dans une dépendance réciproque immédiate, cela se trouve pourtant relié médiatement, quoique de manière lointaine, en raison de l'entrelacement du réseau total, c'est-à-dire de la masse de toutes les causes et effets qui s'avance lentement dans la direction du temps : la simultanéité actuelle est donc nécessaire. C'est donc là-dessus que repose la rencontre fortuite de toutes les conditions d'un événement nécessaire en un sens supérieur – l'accomplissement de ce que le destin a voulu. Là-dessus, par exemple, repose le fait suivant à titre d'exemple : pendant les grandes invasions, le flot de la barbarie se déversa sur l'Europe, aussitôt les plus beaux chefs-d'œuvre de la sculpture grecque, le Laocoon[45],

44. Voici une illustration possible du propos de Schopenhauer. On pourrait y voir un préfiguration du mythe moderne du « Big-bang », dans sa version d'expansion limitée de l'univers.

Deux événements simultanés   parallèle   méridien

45. Au sujet du Laocoon, voir *Le Monde*, livre III, § 46.

l'Apollon du Vatican et d'autres encore, disparurent comme
par l'effet d'un coup de théâtre, en trouvant leur chemin par
une descente au sein de la terre, pour y attendre désormais,
pendant mille ans, intacts, une époque plus douce, plus noble,
comprenant et appréciant les œuvres artistiques, et pour
reparaître enfin à la lumière, comme des modèles parfaitement
conservés de l'art et du véritable type de la forme humaine, à
l'arrivée de cette époque, vers la fin du XVe siècle, [et au début
du XVIe siècle] sous le pape Jules II. Et c'est aussi là-dessus que
repose l'arrivée au bon moment d'occasions et de circonstances importantes et décisives dans la vie de l'individu ; enfin,
sans doute aussi l'arrivée des augures, auxquels la croyance
est si générale et si indélébile qu'il n'est pas rare qu'elle ait
trouvé place même dans les têtes les plus pensantes. Car, il n'y
a rien qui soit *absolument* fortuit, mais plutôt tout arrive
nécessairement, et justement la simultanéité elle-même de ce
qui *n'*est *pas* lié par une relation causale, qu'on appelle le
hasard, est quelque chose de nécessaire, en tant que ce qui est
actuellement simultané a déjà été déterminé *comme tel* par des
causes dans le passé le plus lointain. Ainsi tout se reflète en
tout, chaque chose retentit dans les autres, et on peut aussi
appliquer à la totalité des choses la sentence bien connue
d'Hippocrate (*De l'aliment, Œuvres*, éd. Kühn, t. 2, p. 20) qui
valait pour la synergie au sein de l'organisme : [« Confluence
une, conspiration une, tout est en sympathie » [46]. – Le penchant
indestructible de l'homme à prêter attention aux augures, ses
extispicia [observation des entrailles] et son ὀρνιθοσκοπία

---

46. En grec dans le texte : Ξύρροια μία, σύμπνοια μία, πάντα συμπαθέα.
Hippocrate, *Œuvres*, trad. fr. R. Joly, Paris, Les Belles Lettres, 1972, t. VI,
2e partie, *De l'aliment*, XXIII, p. 143. Hippocrate manifeste ici la grande
influence des idées stoïciennes sur sa pensée.

[observation du vol des oiseaux], l'ouverture au hasard de la Bible, le tirage des cartes, l'observation du coulage du plomb et du marc de café et autres pratiques semblables témoignent de ce qu'il suppose, en dépit des principes rationnels, qu'il lui est possible de connaître d'une manière quelconque ce qui est caché dans l'espace ou le temps, donc ce qui est éloigné ou à venir, d'après ce qui lui est présenté clairement devant les yeux, de sorte qu'il serait tout à fait capable de déchiffrer l'un par l'autre, si seulement il possédait la véritable clef de l'écriture secrète [47].

Une deuxième analogie, qui, d'un tout autre côté, peut contribuer à une compréhension indirecte du fatalisme transcendant, objet de notre étude, est donnée par le *rêve* [48], avec lequel la vie offre vraiment une ressemblance générale reconnue depuis longtemps et souvent exprimée, à tel point que même l'idéalisme transcendantal de Kant peut être compris comme l'exposition la plus claire de ce caractère onirique de notre existence consciente, comme je l'ai dit dans ma critique de sa philosophie. – Et c'est certainement cette analogie avec

47. Schopenhauer considère la philosophie comme le déchiffrement du sens du texte du monde (cf. *Le Monde*, livre II, chap. XVII, p. 878 *sq.*).

48. La ressemblance de la vie avec le rêve est toujours affirmée par Schopenhauer. Pour le rapprochement avec Kant, voir *Le Monde*, Critique de la philosophie kantienne, p. 522-526 (particulièrement p. 525 où la doctrine de Kant est rapprochée de la doctrine de la *Maya*, dans les *Veda* : « Sous ce mythe, il faut voir exactement ce que Kant nomme phénomène par opposition à la chose en soi, en effet, l'œuvre de *Maya* est justement présentée comme le symbole de ce monde sensible qui nous entoure, véritable évocation magique, apparence fugitive n'existant point en soi, semblable à une illusion d'optique et à un songe, voile qui enveloppe la conscience humaine, chose mystérieuse, dont il est également faux, également vrai de dire qu'elle existe ou qu'elle n'existe pas »).

le rêve qui nous fait apercevoir, quoique, là encore, ce soit dans un lointain assez brumeux, comment la puissance secrète, qui domine et dirige les processus extérieurs nous concernant en vue de ses fins sur nous, pourrait avoir sa racine dans la profondeur de notre propre être insondable. En effet, dans le rêve aussi, les circonstances qui y deviennent les motifs de nos actions se rencontrent tout à fait par hasard, comme extérieures et indépendantes de nous, souvent même comme détestées : mais pourtant il y a bien entre elles un lien secret et finalisé, tandis que, là aussi, une puissance cachée à laquelle obéissent tous les hasards du rêve, dirige et dispose certainement aussi ces circonstances uniquement par rapport à nous seul. Mais ici le plus étrange est que cette puissance, en définitive, ne peut pas être autre que notre propre volonté, mais d'un point de vue qui n'entre pas dans notre conscience onirique : c'est pourquoi il arrive que, en rêve, le cours des événements heurte si souvent nos désirs, nous plonge dans la stupéfaction, le mécontentement, même la terreur et l'angoisse mortelle, sans que le destin, que pourtant nous dirigeons secrètement nous-mêmes, vienne nous sauver. Il arrive de la même façon que nous posions une question avec impatience et que nous obtenions une réponse qui nous stupéfie, ou encore que, interrogés nous-mêmes, un peu comme dans un examen, nous soyons incapables de trouver la réponse qu'une autre personne donne parfaitement, ce qui nous confond. Pourtant, dans l'un et l'autre cas, la réponse ne peut jamais venir que de nos propres moyens. Pour rendre encore plus claire cette mystérieuse direction des événements du rêve, issue de nous-mêmes, et pour mieux comprendre son mode d'action, il y a encore un éclaircissement qui est indispensable, mais il comporte inévitablement un caractère obscène ; c'est pourquoi je présuppose que les lecteurs dignes que je m'adresse à eux n'en seront pas scandalisés et qu'ils ne tourneront pas non plus la chose en ridicule. Il est bien connu qu'il y a des rêves dont la nature se sert pour sa fin matérielle, c'est-à-dire pour la décharge du trop-plein des glandes sexuelles. Des rêves de ce genre offrent naturellement des scènes lascives ; mais il en est parfois aussi de même pour d'autres rêves qui n'ont pas du tout ce but et ne l'atteignent pas. Ici intervient donc la différence suivante : dans les rêves du premier genre, les belles et l'occasion ne tardent pas à se montrer favorables à nous, et, par ce moyen, la nature accomplit sa fin ; dans les rêves du deuxième genre, au contraire, de nouveaux obstacles, que nous nous efforçons en vain de surmonter, s'avancent sans cesse sur le chemin de la chose que nous désirons avec le plus d'ardeur de telle sorte que, finalement, nous n'avons pourtant pas réussi à l'atteindre. Ce qui crée ces obstacles et fait échouer coup sur coup notre vif désir, ce n'est que notre propre volonté, mais issue d'une région qui se trouve fort au-delà de la conscience se représentant le rêve, et qui, par conséquent, apparaît dans celui-ci comme destin inexorable. – Maintenant, ne pourrait-il pas y avoir avec le destin dans la réalité et avec le plan suivi que chacun peut remarquer dans le cours de sa propre vie, un état de choses qui serait analogue à celui que nous venons d'exposer pour le rêve [H] ? Il arrive parfois que nous ayons conçu un projet dont nous nous sommes emparé avec ardeur, et qui se révèle plus

---

H. Considéré objectivement, le cours de la vie de l'individu est d'une nécessité générale et rigoureuse, car toutes ses actions se produisent aussi nécessairement que les mouvements d'une machine et tous les événements extérieurs arrivent selon le fil conducteur d'une chaîne causale dont les maillons sont enchaînés avec une rigoureuse nécessité. Si nous retenons bien cela, il nous sera possible de ne pas trop nous étonner de voir la vie de l'individu dérouler son cours comme si elle était construite d'après un plan conforme à lui.

tard comme n'étant pas du tout conforme à notre vrai bien : contre ce projet que, dans l'intervalle, nous poursuivons avec zèle, nous éprouvons maintenant une conspiration du destin qui met en mouvement toute sa machination pour le faire échouer, ce qui finit par nous repousser, contre notre volonté, sur le chemin qui nous convient véritablement. Devant une telle résistance qui paraît intentionnelle, beaucoup de gens recourent à cette expression : « Je m'aperçois que cela ne *doit* pas être » ; d'autres parlent d'augures, d'autres encore du doigt de Dieu : mais tous partagent l'idée que, lorsque le destin s'oppose à un projet avec une ténacité aussi manifeste, nous devrions y renoncer. Car, ce projet, ne s'accordant pas avec notre destination inconsciente, ne sera pas réalisé et, par sa poursuite opiniâtre, nous nous attirerons seulement des coups encore plus durs du destin, jusqu'à ce qu'enfin, nous soyons de nouveau sur la bonne voie ; ou encore parce que, si nous réussissons à forcer les choses, une telle attitude ne ferait que nous causer dommages et malheur. Ici, la phrase citée plus haut [p. 86] : [« Les destins conduisent une volonté docile ; ils entraînent celle qui résiste »] [Senèque, *Épîtres*, p. 107[49]], trouve sa pleine confirmation. Or, dans bien des cas, il devient effectivement clair rétrospectivement que la mise en échec d'un tel projet a été tout à fait utile à notre vrai bien. Cela pourrait donc être aussi le cas lorsque cette utilité ne nous est pas connue, d'autant plus si nous considérons le bien méta-physique et moral comme notre bien véritable. – Mais, à présent, si, partant d'ici, nous revenons au résultat principal de toute ma philosophie, à savoir que ce qui représente et obtient le phénomène du monde est la *Volonté*, qui vit et s'efforce

49. Voir note [27].

aussi dans chaque individu, et si nous nous rappelons en même temps la ressemblance si communément reconnue de la vie avec le rêve, alors, en rassemblant tout ce qui a été dit jusqu'ici, nous pouvons tout à fait en général concevoir la possibilité de l'analogie suivante : de même que chacun est le directeur caché de son propre rêve, de même ce destin, qui gouverne le cours effectif de notre vie, provient en définitive, d'une manière quelconque, de cette *Volonté-là* qui est proprement nôtre. Pourtant, là où elle est apparue comme destin, elle a agi à partir d'une région située bien au-delà de notre conscience représentante individuelle, laquelle, au contraire, fournit les motifs directeurs de notre volonté empiriquement reconnaissable. Par conséquent, notre volonté empirique est souvent amenée à combattre avec la plus grande violence cette Volonté-là, nôtre aussi, qui se représente à nous comme destin, notre génie directeur, notre « esprit qui réside à l'extérieur de nous et a son siège dans les étoiles supérieures »[50] [voir p. 91], en tant qu'elle domine du regard la conscience individuelle et que, inexorable envers celle-ci, elle organise et détermine comme contrainte extérieure ce qu'elle ne pouvait pas lui laisser le soin de découvrir, et que pourtant, elle n'entend pas manquer.

Un passage de *Scot Érigène* peut tout d'abord servir à atténuer le caractère étrange, voire même exorbitant de cette thèse osée. Il faut se souvenir que son *Deus*[51] est dépourvu de connaissance et qu'on ne peut affirmer de lui ni le temps ni

50. Paracelse, *op. cit.*, note [37].

51. La philosophie de Jean Scot Érigène unit à la prédestination une théologie négative radicale, qui rend vaine toute prédication sur Dieu. D'une manière analogue, Schopenhauer présente la Volonté de vivre comme inconnaissable, elle entraîne aussi une sorte de prédestination.

l'espace ni les dix catégories d'Aristote. Il ne lui reste en tout qu'un seul attribut : *Volonté*, – attribut qui n'est manifestement rien d'autre que ce qu'est chez moi la Volonté de vivre ;

> *Est etiam alia species ignorantiae in Deo, quando ea, quae praescivit et praedestinavit, ignorare dicitur, dum adhuc in rerum factarum cursibus experimento non apparuerint* (*De divisione naturae*, p. 83, ed. Oxoniensis).

Et, peu après :

> *Tertia species divinae ignorantiae est, per quam Deus dicitur ignorare ea, quae nondum experimento actionis et operationis in effectibus manifeste apparent, quorum tamen invisibiles rationes in se ipso a se ipso creatas et sibi ipsi cognitas possidet* [*op. cit.*, p. 84] [52].

Si donc nous avons appelé à l'aide la ressemblance bien connue de la vie individuelle avec le rêve pour rendre quelque peu saisissable l'idée qui a été exposée, il faut, d'un autre côté, remarquer cette différence que, dans le simple rêve, la relation

---

52. Johannis Scoti Erigenae, *De divisione Naturae Libri quinque*, Oxonii, 1681, livre II, § 28, p. 83 et 84 (et *Opera* – Patrologie latine, t. CXXII, livre II, § 28, 594C et 596C). Le texte exact est (pour 596C) : « tertia est per quam dicitur Deus ignorare etc. ». Il existe une édition critique accompagnée d'une traduction anglaise : Iohannis Scotti Eriugenae, *De Divisione Naturae, Liber secundus*, I.P. Sheldon-Williams, Dublin, The Dublin Institute for advanced Studies, 1972. Nous traduisons : « Il y a une autre sorte d'ignorance en Dieu, quand il est dit ne pas connaître les choses qu'il a prévues à l'avance et prédestinées avant qu'elles n'aient été mises au jour par l'expérience dans l'évolution des choses créées » (*Opera*, 594C) et « La troisième [sorte d'ignorance] est celle par laquelle Dieu est dit ignorer les choses qui n'apparaissent pas encore manifestement par l'expérience dans les résultats de son action et de son activité, bien qu'il possède en lui-même, créées par lui-même et connues de lui-même, leurs invisibles raisons » (*Opera*, 596C).

est unilatérale : en effet, *un* seul moi veut et sent vraiment alors que les autres ne sont rien que des fantômes. Dans le grand rêve de la vie, au contraire, il y a une relation réciproque, car non seulement l'un figure dans le rêve de l'autre, précisément autant que cela est nécessaire, mais le second aussi dans le rêve du premier, de sorte que, en raison d'une véritable *harmonia praestabilita* [harmonie préétablie], chacun rêve seulement de ce qui lui convient, conformément à sa propre direction métaphysique, et que tous les rêves de la vie sont si habilement entrelacés les uns aux autres que chacun éprouve ce qui lui est profitable, et accomplit en même temps ce qui est nécessaire à l'autre ; suivant cela, donc, un grand événement mondial quelconque s'adapte au destin de plusieurs milliers de personnes, et à chacun de manière individuelle. Par conséquent, tous les événements de la vie d'un homme se trouveraient dans deux types de connexion fondamentalement différents : premièrement, dans une connexion objective, causale, celle du cours de la nature ; deuxièmement, dans une connexion subjective, qui existe seulement par rapport à l'individu qui les éprouve, aussi subjective que les rêves de ce même individu. Dans cette connexion pourtant, leur succession et [leur] contenu sont également déterminés nécessairement, mais comme se succèdent les scènes d'un drame, grâce au plan du poète. Que maintenant coexistent ces deux types de connexion, et que le même événement, comme un maillon de deux chaînes entièrement différentes, s'insère pourtant exactement dans les deux, d'où il résulte que le destin de l'un s'adapte chaque fois au destin de l'autre, et que chacun, héros de son propre drame, est en même temps aussi le figurant dans un drame étranger, tout cela, à vrai dire, dépasse toute notre capacité de compréhension et nous ne pouvons en concevoir la possibilité qu'en vertu de la plus merveilleuse *harmonia praestabilita*. Mais, d'autre part, ne serait-il pas pusillanime de tenir pour impossible que les vies de tous les hommes, dans leur engrenage réciproque, comportassent autant de *concentus* [accord], d'harmonie que le compositeur sait en donner aux nombreuses voix de sa symphonie qui semblent déchaînées les unes contre les autres ? Aussi, notre frayeur devant cette pensée colossale diminuera si nous nous souvenons que le sujet du grand rêve de la vie, la Volonté de vivre, est en un certain sens unique, et que toute la multiplicité des phénomènes est conditionnée par le temps et par l'espace. C'est un grand rêve que rêve cet être *un*[53], mais il le rêve d'une manière telle que tous ses personnages le rêvent en même temps. Il suit de là que toutes choses s'enchaînent et s'adaptent les unes aux autres. À présent, si nous voulons aller plus loin, si nous supposons cette double chaîne de tous les événements, en vertu de laquelle chaque être d'une part, existe de par lui-même, procède, agit et suit son propre chemin nécessairement en conformité avec sa propre nature, mais d'autre part, est aussi destiné et voué à concevoir un être étranger et à l'influencer, tout autant que les images des rêves de celui-ci, nous devrons donc étendre cela à la nature entière, donc aussi aux animaux et aux êtres dépourvus de connaissance. Alors, encore une fois, s'ouvre une perspective sur la possibilité des *omina* [augures], *praesagia* [présages], *portenta* [signes prodigieux], comme en effet, ce qui arrive *nécessairement* selon le cours de la nature peut bien être envisagé encore d'un autre point de vue, comme une simple image pour moi, et un accessoire de ce rêve qu'est *ma*

---

53. L'unité de la volonté n'est pas l'unité phénoménale dont le contraire est la multiplicité phénoménale. C'est une unité transcendante, inconnaissable. Le philosophe a retrouvé ici des thèmes leibniziens, comme celui de l'harmonie préétablie.

vie, quelque chose qui se produit et existe seulement par rapport à *moi*, ou encore comme un simple reflet, et un simple écho de *mon* action et de *mon* expérience vécue. Enfin, d'après cela, le caractère naturel d'un événement, et sa nécessité causalement démontrable, ne supprimeraient en aucune façon son caractère augural, pas plus que ce dernier ne serait susceptible de détruire le premier. C'est pourquoi ceux qui croient écarter le caractère augural d'un événement en démontrant que son arrivée était inévitable, en indiquant bien clairement ses causes naturelles agissant nécessairement, et, s'il s'agit d'un phénomène naturel, en recourant même à la physique, avec des mines savantes, ceux-là sont tout à fait dans l'erreur. Car aucun homme raisonnable ne doute de ces causes, et personne ne considère l'augure comme un miracle; mais le caractère augural d'un événement résulte justement de ce que la chaîne des causes et des effets se prolongeant à l'infini, avec la nécessité rigoureuse et la prédestination immémoriale[54] qui lui sont propres, a déterminé inévitablement l'arrivée de cet événement lors de cet instant significatif. Il vaut donc mieux crier à ces blancs-becs, surtout s'ils se font physiciens, que [« Il y a plus de choses au ciel et sur la terre, Horatio, que n'en rêve la philosophie »] (*Hamlet*, acte I, scène 5[55]). Cependant, d'un autre côté, avec la croyance aux augures, nous voyons aussi à

54. L'usage du mot « prédestination », par le renvoi à une intention, montre que l'unité de la chaîne causale est dans la Volonté. Le passage du « fatalisme » démontrable à la prédestination immémoriale correspond au passage du monde de la représentation à celui de la Volonté, qui en est le fondement.

55. « There are more things in heaven and earth than are dreamt of in your philosophy », *Hamlet*, acte I, scène V, trad. fr. Castelain, Paris, Aubier-Montaigne, 1947. Hamlet adresse cette phrase à Horatio après avoir vu le spectre de son père.

nouveau la porte ouverte à l'astrologie; car l'événement le plus infime qui prend valeur de présage, tels le vol d'un oiseau, la rencontre d'un homme et d'autres faits semblables, est conditionné par une chaîne de causes aussi infiniment longue et aussi rigoureusement nécessaire que la position calculable des étoiles, à un moment donné. Seulement, à vrai dire, la constellation se trouve si haut placée que la moitié des habitants de la terre la voit en même temps, alors que l'augure, au contraire, apparaît seulement dans le cercle de l'individu concerné. D'ailleurs, si l'on veut encore se figurer par une image la possibilité de l'augure, alors, celui qui aperçoit un bon ou un mauvais augure, à un moment important du cours de sa vie dont l'avenir cache encore les suites, et qui, de ce fait, est mis en garde ou confirmé, est comparable à une corde qui, frappée, ne s'entend pas elle-même, mais qui percevrait pourtant la corde étrangère résonnant avec elle à la suite de sa vibration.

La distinction kantienne de la chose en soi et de son phénomène, et la réduction que j'ai effectuée de la première à la Volonté et du second à la représentation, nous donne la possibilité d'entrevoir la compatibilité de *trois oppositions*, même si c'est seulement d'une manière imparfaite et lointaine.

Ces oppositions sont :

1) celle de la liberté de la volonté en elle-même à la nécessité générale de toutes les actions de l'individu ;

2) celle du mécanisme à la technique de la nature, ou du *nexus effectivus* au *nexus finalis*, ou de l'explication purement causale à l'explication téléologique des productions de la

nature (là-dessus, voir la *Critique du jugement* de Kant § 78 [56], et mon œuvre principale, t. 2, chap. 26 [57]) ;

3) celle du caractère fortuit manifeste de tous les événements du cours de la vie individuelle à leur nécessité morale pour sa formation, conformément à une finalité transcendante pour l'individu ou, en langage populaire : l'opposition du cours de la nature à la Providence.

La clarté de notre intelligence de la compatibilité de ces trois oppositions, quoique incomplète pour chacune d'elles, est plus satisfaisante pour la première que pour la deuxième, mais elle est dérisoire pour la troisième. En attendant, la compréhension même imparfaite de la compatibilité de l'une quelconque de ces oppositions réfléchira toujours la lumière sur les deux autres, en leur servant, en quelque sorte, d'image et de symbole.

Maintenant enfin, que peut bien viser cette direction totale, mystérieuse, du cours de la vie individuelle, que nous avons prise comme objet d'étude ? On peut seulement l'indiquer tout à fait en général. Si nous nous en tenons aux cas particuliers, il apparaît alors souvent, qu'elle aurait seulement en vue notre bien temporel, provisoire. Pourtant, sérieusement, celui-ci ne peut pas être son but ultime, en raison de son caractère insignifiant, imparfait, futile et éphémère : nous devons donc chercher ce but ultime dans notre existence éternelle, qui dépasse la vie individuelle. Et alors on peut seulement dire, tout à fait en général, que le cours de notre vie serait réglé par cette direction

56. Kant, *Critique de la faculté de juger*, trad. fr. A. Philonenko, Paris, Vrin, 1965, § 78 : « De l'union du principe du mécanisme universel de la matière avec le principe téléologique dans la technique de la nature ».

57. *SW*, t. II, p. 430-435 et *Le Monde*, Supplément au livre II, chap. XXVI, p. 1052-1066.

de telle sorte que, de la connaissance totale qui nous vient du cours de la vie naîtrait sur la *Volonté*, en tant qu'elle est le noyau et l'être en soi de l'homme, l'impression qui sert le mieux sa fin métaphysique. Car, bien que la Volonté de vivre reçoive sa réponse dans le cours du monde en général, en tant qu'il est le phénomène de son effort, pourtant chaque homme est cette Volonté de vivre, d'une manière tout à fait individuelle et unique, en quelque sorte un acte individualisé d'elle-même : par conséquent, la réponse à cet acte ne peut être aussi qu'une configuration entièrement déterminée du cours du monde, donnée dans les expériences vécues propres à l'individu. Or, comme, grâce aux résultats de ma philosophie qui est sérieuse (à la différence de la philosophie professorale, philosophie de plaisantin), nous avons reconnu le détournement de la Volonté de vivre comme étant le but ultime de l'existence temporelle, nous devons donc supposer que chacun *y* est progressivement conduit par le chemin tout individuel qui lui convient, donc bien souvent, par des voies détournées. Et comme bonheur et jouissance travaillent, à vrai dire, dans un sens opposé à ce but, alors, nous voyons en accord avec lui la trame de chaque vie humaine infailliblement tissée de malheur et de peines, quoique dans une proportion très inégale, rarement en excès comme dans les dénouements tragiques : dans ces cas, il semble que la Volonté soit, pour ainsi dire, poussée violemment au renoncement à la vie et doive également parvenir à la renaissance, comme par l'effet d'une opération césarienne.

Enfin, cette direction invisible, qui ne se révèle que sous une apparence douteuse, nous accompagne ainsi jusqu'à la mort, ce véritable résultat de la vie, et, en tant que tel, son but. À l'heure de la mort, toutes les puissances mystérieuses (bien qu'elles soient vraiment enracinées en nous-même), qui déterminent le destin éternel de l'homme, se rassemblent et entrent en action. De leur conflit, s'ensuit le chemin que l'homme doit maintenant parcourir, se prépare même sa *palingénésie*, avec tout le bien et tout le mal qu'elle contient et qui est irrévocablement déterminé à partir de lui. – Là-dessus repose le caractère éminemment grave, de la plus haute importance, solennel et terrible de l'heure de la mort. Cette heure est une crise au sens le plus fort du mot – un Jugement dernier.

DE L'ÉTHIQUE
(extrait de *Paralipomena*)

Paragraphe 108

Les vérités physiques peuvent avoir beaucoup d'importance extérieure, mais l'importance intérieure leur fait défaut. Celle-ci est le privilège des vérités intellectuelles et morales, en tant qu'elles ont pour thème les plus hauts degrés d'objectivation de la volonté, alors que les vérités physiques ont pour thème les plus bas. Si, par exemple, nous acquérions la certitude que le soleil à l'équateur produit la thermoélectricité, celle-ci le magnétisme terrestre et celui-ci l'aurore boréale – ce qui, à l'heure actuelle, n'est qu'une conjecture – ces vérités auraient alors une grande importance extérieure, mais peu d'importance intérieure. Au contraire, des exemples de cette dernière importance sont fournis non seulement par tous les philosophèmes hautement et véritablement spirituels, mais également par les catastrophes de toute bonne tragédie, et même aussi par l'observation de la conduite humaine dans les manifestations extrêmes de sa moralité et de son immoralité, donc de sa méchanceté et de sa bonté : car, dans tous ces cas, se manifeste l'être dont le monde est le phénomène et, aux plus hauts degrés de son objectivité, il met au jour son intérieur.

Paragraphe 109

Que le monde ait seulement une signification physique sans signification morale constitue la plus grande et la plus funeste erreur, l'erreur fondamentale, la véritable *perversité* de l'esprit, et c'est bien au fond aussi ce que la foi a personnifié sous le nom d'Antéchrist. Pourtant, en dépit de toutes les religions qui, toutes ensemble, affirment le contraire et cherchent à l'établir à leur manière mythique, cette erreur fondamentale ne disparaît jamais complètement de la terre, mais elle continue à relever de temps en temps la tête, jusqu'à ce que l'indignation générale la force encore une fois à se cacher.

Néanmoins, quelque assuré que soit le sentiment d'une signification morale du monde et de la vie, pourtant son élucidation et le déchiffrement de l'énigme de la contradiction entre elle et le cours du monde sont cependant si difficiles qu'il a pu m'être réservé la tâche d'exposer le véritable, seul authentique et pur fondement de la moralité actif en tous lieux et en tous temps, ainsi que le but auquel il conduit ; sur ce point, la réalité du cours de la moralité est bien trop de mon côté pour que je craigne que cette doctrine puisse jamais être encore une fois changée ou supplantée par une autre.

Cependant, tant que mon éthique elle-même reste encore ignorée des professeurs, le principe moral kantien prévaut dans les universités, et, parmi ses différentes formes, celle de la « dignité de l'homme » est actuellement la plus en vogue. J'ai déjà montré son inanité dans mon traité – *Le Fondement de la morale* (§ 8, p. 169 [1]). Je n'en parlerai donc pas davantage ici.

---

1. *SW*, t. III, p. 695-696. Schopenhauer, *Le fondement de la morale*, intro. et notes A. Roger, trad. fr. A. Burdeau, Paris, Livre de poche, 1991, § 8, p. 103 *sq*.

Si l'on demandait sur quoi repose en définitive cette soi-disant dignité de l'homme, on en viendrait bientôt à répondre qu'elle repose sur sa moralité : ainsi la moralité repose sur la dignité et la dignité sur la moralité. Mais même abstraction faite de cela, le concept de *dignité* ne me semble applicable que sur le mode ironique à un être à la volonté aussi pécheresse, à l'esprit aussi borné, au corps aussi vulnérable et caduc que l'homme :

> *Quid superbit homo, cuius conceptio culpa,*
> *Nasci poena, labor vita, necesse mori ?* [2].

C'est pourquoi, en opposition à la dite forme du principe moral kantien, j'aimerais poser la règle suivante : pour tout homme avec lequel vous entrez en rapport, n'entreprenez pas d'appréciation objective de sa valeur ou de sa dignité, ne prenez donc pas en considération la méchanceté de sa volonté, ni l'étroitesse de son intelligence, ni l'absurdité de ses idées, car la première pourrait facilement susciter à son égard la haine, et la dernière, le mépris ; mais, considérez seulement ses maux, sa misère, son angoisse, ses souffrances, vous vous sentirez alors toujours son parent, vous sympathiserez toujours avec lui, et, au lieu de la haine et du mépris, vous éprouverez pour lui cette compassion qui est seulement l'ἀγάπη [amour] auquel vous appelle l'Évangile. Pour empêcher la haine ou le mépris de s'élever contre lui, ce n'est pas, à la vérité, la recherche de sa soi-disante « dignité » qui convienne, mais au contraire le seul point de vue de la compassion.

---

2. Nous traduisons : « De quoi s'enorgueillit l'homme, lui dont la conception est une faute, la naissance une peine, la vie un labeur, la mort une nécessité ? » (distique de Schopenhauer).

Paragraphe 110

Les bouddhistes, conformément à leurs conceptions éthiques et métaphysiques plus profondes, ne commencent pas par les vertus cardinales, mais par les vices cardinaux dont les vertus cardinales apparaissent avant tout comme les contraires ou les négations. D'après la *Geschichte der Ostmongolen* (p. 7) de Isaac Jacob Schmidt [3], les vices cardinaux sont pour les bouddhistes : volupté, paresse, colère et avarice. Mais, vraisemblablement, orgueil doit être mis à la place de paresse : ils sont en effet présentés ainsi dans les *Lettres édifiantes et curieuses* (éd. 1819, vol. 6, p. 372 [4]), où l'envie et la haine sont ajoutées à la cinquième place. Ce qui parle également en faveur de ma rectification de la déclaration du très estimable Isaac Jacob Schmidt est l'accord de celle-ci avec les doctrines des Soufis, qui, en tous cas, se trouvaient sous l'influence du brahmanisme et du bouddhisme. En effet, les Soufis aussi établissent les mêmes vices cardinaux, et, d'une manière très frappante, ils les rangent par paires, de telle sorte que la volupté apparaît associée à l'avarice et la colère à l'orgueil (voir *Blütensammlung aus der morgenländischen Mystik* de Tholuck, p. 206 [5]). Nous trouvons déjà dans la *Bhagavad*

---

3. Ssanang Ssetsen Chungtaidschi, *Geschichte der Ost-Mongolen und ihres Fürstenhauses*, traduit du mongol I.J. Schmidt, Saint-Pétersbourg-Leipzig, N. Gretsch, 1829, p. 7. I.J. Schmidt vécut de 1779 à 1847.

4. *Lettres édifiantes et curieuses écrites des missions étrangères – Mémoires des Indes*, Lyon, J. Vernarel et Et. Cabin et Cie, 1819, t. 6, p. 372. Il s'agit ici d'une lettre du père de la Lane au père Mourgues de 1709. Le passage cité fait suite à des considérations concernant l'importance de la croyance en la métempsychose.

5. Friedrich August Tholuck (1799-1877), *Blütensammlung aus der morgenländischen Mystik*, Berlin, 1825. Il s'agit d'un mystique.

Gita[6] (16, 21) volupté, colère et avarice rangées dans les vices cardinaux, ce qui témoigne de la haute antiquité de la doctrine. En tout cas, dans *Prabodhacandrodaya*[7], ce drame philosophico-allégorique d'une si haute importance pour la philosophie du *Vedanta*, ces trois vices cardinaux apparaissent comme les trois généraux du roi Passion dans son combat contre le roi Raison. Comme vertus cardinales opposées à ces vices cardinaux, seraient données : chasteté et générosité, avec douceur et humilité.

Or, si l'on compare à ces conceptions fondamentales de l'éthique conçues de manière si profonde par les orientaux les vertus cardinales de Platon, si célèbres et répétées des milliers de fois, justice, bravoure, tempérance et sagesse, on les trouvera dépourvues d'une idée fondamentale claire et directrice, et donc superficiellement choisies, en partie même, manifestement fausses. Les vertus doivent être des qualités de la volonté : mais la sagesse appartient d'abord à l'intellect. La σωφροσύνη, que Cicéron traduit par « *temperantia* » et la langue allemande par « *Mässigkeit* », est une expression très indéterminée et plurivoque sous laquelle on peut à vrai dire

6. *La Bhagavad Gita*, trad. fr. Anna Kamensky, Paris, Courrier du livre, 1964 : « Triples sont les portes de cet enfer, destructeur du soi : volupté, colère, cupidité, l'homme doit renoncer à ces trois choses » (XVI, 21).

7. *Prabodhacandrodaya*, drame théologique et philosophique dont l'auteur est Krishna Miçra. Il y a une édition sanscrite et latine, Leipzig, Brockhaus, 1835-1845, publiée en 1 volume (2 tomes). Il existe également une traduction française du 1ᵉʳ acte, de G. Devèze, dans la *Revue de linguistique et de philologie comparée*, t. 31, Paris, J. Maisonneuve, 1898. Ce drame allégorique, dont le titre signifie « Le lever de la lune de la connaissance », retrace en 6 actes la victoire du *Vedanta* vishnuite sur les sectes hérétiques. L'âme y épouse l'illusion (*Maya*), et, de leur union, naît le monde entier par le pouvoir imaginatif (*Manas*).

comprendre diverses choses – comme réflexion, sobriété : cela vient manifestement de : σῶον ἔχειν τὸ φρονεῖν [avoir la pensée saine] ou, comme le dit un écrivain Hiérax dans Stobée, *Florilegium*, chap. 5, paragraphe 60 (vol. I, p. 134) : Ταύτην τὴν ἀρετὴν σωφροσύνην ἐκάλεσαν σωτηρίαν οὖσαν φρονήσεως [8]. La bravoure n'est pas du tout une vertu, bien qu'elle puisse parfois être son serviteur ou son instrument, mais elle est tout autant prête à servir la plus grande indignité : à vrai dire, elle constitue une propriété du tempérament. Déjà, Geulincx (*Ethica, in praefatione*) [9], rejeta les vertus cardinales platoniciennes pour poser celles-ci : *diligentia, obedientia, justitia, humilitas* [conscience, obéissance, justice, humilité] – ce qui est manifestement mauvais. Les Chinois citent cinq vertus cardinales : compassion, justice, politesse, science et sincérité (*Journal asiatique*, vol. 9, p. 62 [10]). Kidd, *China* (p. 197 [11]), les appelle : *benevolence, righteousness, propriety, wisdom and sincerity* [bienveillance, droiture, convenance,

---

8. Joannis Stobaei, *Florilegium*, Thomas Gaisford, Oxonii, 1822, chap. 5, § 60, vol. I, p. 134. Nous traduisons : « On appelait cette vertu σωφροσύνη, parce qu'elle est l'attachement à la raison ». La citation de Schopenhauer n'est pas complète.

9. Arnold Geulincx, *Opera philosophica*, J.P.N. Land (ed.), The Hague, Martinum Nijhoff, 1892, vol. III, *Ethica in praefatione*. On peut consulter également le livre de Alain de Lattre, *Arnold Geulincx*, présentation, choix de textes et traduction, Paris, Seghers, 1970, et sa thèse, *L'occasionnalisme d'Arnold Geulincx*, Paris, Minuit, 1967-1968. Arnold Geulincx appelle vertu l'amour de la raison, perspective diamétralement opposée à celle de Schopenhauer.

10. *Journal asiatique*, vol. 9, 1841, p. 62. *Journal of the Asiatic Society of Bengal*, Calcutta.

11. Samuel Kidd (1804-1843) : « China, or Illustrations of the symbols, philosophy, antiquities, customs, superstitions, laws, government, education, and literature of the Chinese », London, Taylor and Walton, 1841, p. 197.

sagesse et sincérité] et donne un commentaire détaillé pour chacune. – Le christianisme n'a pas de vertus cardinales mais seulement des vertus théologales : foi, espérance et charité.

Le point où vertus et vices moraux de l'homme commencent à se séparer est cette opposition de la disposition fondamentale vis-à-vis d'autrui : à savoir celle qui prend ou bien le caractère de l'envie ou bien celui de la compassion. Car chaque homme porte en lui ces deux qualités diamétralement opposées, en tant qu'elles naissent de la comparaison, inévitable pour lui, de son propre état avec celui des autres : or, selon l'effet du résultat de cette comparaison sur son caractère individuel, l'une ou l'autre qualité deviendra sa disposition fondamentale et la source de sa conduite. En effet, l'envie renforce le mur entre toi et moi : pour la compassion, il devient mince et transparent ; elle le démolit même parfois complètement, quand s'évanouit la différence entre le moi et le non-moi.

Paragraphe 111

La *bravoure* dont il a été question plus haut ou plus exactement : le *courage* qui en est le fondement (car la bravoure n'est pas autre chose que le courage à la guerre) mérite encore d'être examinée de plus près. Les Anciens rangeaient le courage au nombre des vertus, la lâcheté au nombre des vices : cela ne correspond pas au sentiment chrétien qui est tourné vers la bienveillance et la patience, et dont la doctrine défend toute hostilité, à vrai dire même la résistance ; c'est pourquoi les Modernes ont abandonné cette vertu. Il nous faut pourtant concéder que la lâcheté ne nous semble pas du tout compatible avec un noble caractère – ne serait-ce qu'en raison de l'excessive sollicitude pour sa propre personne qui s'y trahit. Or, le courage peut être ramené au fait d'aller volontairement au-devant de maux menaçants au moment présent, pour éviter de cette façon de plus grand maux futurs; tandis que la lâcheté fait le contraire. Le courage est donc la caractéristique de la *patience*, en tant qu'elle consiste justement dans la claire conscience qu'il y a des maux encore plus grands que les maux présents et qu'on pourrait se les attirer en fuyant violemment ceux-ci ou en se défendant contre eux. Le courage serait donc une sorte de *patience*, et puisque elle est justement ce qui nous rend capables de privations et d'abnégation, ainsi, par l'intermédiaire de la patience, le courage est-il apparenté à la vertu.

Cependant, le courage se laisse peut-être envisager encore d'un point de vue supérieur. On pourrait en effet ramener toute peur de la mort à une carence de cette métaphysique naturelle, donc simplement sentie, en vertu de laquelle l'homme porte en lui la certitude qu'il existe en tous et même en tout autant qu'en sa propre personne, dont la mort a par conséquent sur lui peu de prise. C'est justement de cette certitude au contraire que jaillirait donc le courage héroïque, de la même source par conséquent que les vertus de justice et de charité (comme les lecteurs de mon *Éthique* s'en souviennent). Assurément, cela s'appelle prendre la chose de bien haut; cependant, en dehors de cette hypothèse, il n'est pas possible de bien expliquer pourquoi la lâcheté paraît haïssable, le courage personnel, au contraire, noble et élevé; car aucun point de vue inférieur ne permet de voir pourquoi un individu fini, qui est tout pour lui-même, et bien plus, pour lui-même la condition fondamentale de l'existence du reste du monde, ne devrait pas faire passer toutes les autres choses après la conservation de ce moi. C'est pourquoi une explication entièrement immanente, purement empirique donc, ne pouvant s'appuyer que sur l'utilité du courage, ne suffira pas du tout. De là est peut-être venu le fait que Calderón ait exprimé sur le courage une vue sceptique mais remarquable, il en conteste vraiment la réalité, et cela par la bouche d'un vieux et sage ministre, en présence de son jeune roi :

> *Que aunque el natural temor*
> *En todos obra igualmente,*
> *No mostrarle es ser valiente*
> *Y esto es lo que hace el valor.*
> *La hija del aire*, partie 2, journée 2.
> (« Car, bien que la peur naturelle agisse
> de la même manière en tous,
> c'est être brave que de ne pas la laisser voir,
> et ceci justement constitue la bravoure » [12]).

En ce qui concerne les différences mentionnées ci-dessus entre l'appréciation du courage comme vertu chez les Anciens et chez les Modernes, il faut cependant prendre encore ceci en considération : les Anciens comprenaient par vertu (*virtus*, ἀρετή) toute excellence, toute propriété en elle-même digne d'éloges – qu'elle soit morale ou intellectuelle, même à la rigueur simplement corporelle. Mais après que le christianisme eut indiqué la tendance fondamentale de la vie comme étant morale, on ne comprit plus que les traits moraux dans l'idée de vertu. En attendant, on trouve encore l'usage primitif du mot chez les anciens auteurs latins, et aussi en italien où d'ailleurs l'atteste le sens bien connu du mot « *virtuoso* ». – On devrait faire remarquer expressément aux écoliers cette extension plus large de l'idée de vertu chez les Anciens, car, autrement, elle engendre facilement en eux une perplexité secrète.

---

12. Calderón de la Barca, *La Hija del Aire, Primera parte, Secunda parte*, Parte 2, Jornada 2, Madrid, Catedra, 1987.

Dans ce but, je recommande particulièrement deux passages qui nous ont été conservés par Stobée : le premier (venu, d'après ce qu'on dit, du pythagoricien Métope), au titre I de son *Florilegium*, § 64 [13], où est expliquée l'aptitude de chaque membre de notre corps pour l'ἀρετή, et l'autre dans ses *Eclogis ethicae*, livre 2, chap. 7 (p. 272, éd. Heeren). Il y est dit expréssement : Σκυτοτόμου ἀρετὴν λέγεσθαι, καθ᾽ ἥν ἀποτελεῖν ἄριστον ὑπόδημα δύναται (*Sutoris virtus dicitur, secundum quam probum calceum novit parare* [14]). À partir de là s'explique aussi le fait que l'éthique des Anciens parle de vertus et de vices qui ne trouvent aucune place dans la nôtre.

Paragraphe 112

Comme la place de la bravoure parmi les vertus, celle de l'*avarice* parmi les vices peut être mise en doute. Seulement, on ne doit pas la confondre avec l'avidité, qui est avant tout ce qu'exprime le mot latin « *avaritia* ». Nous voulons donc examiner le pour et le contre au sujet de l'avarice, le jugement final restera ensuite l'affaire de chacun.

A) Ce n'est pas *l'avarice* qui est un vice, mais son contraire, la *prodigalité*. Elle naît d'une limitation animale au présent, contre lequel l'avenir, qui n'existe encore qu'en pensée, ne peut alors obtenir aucun pouvoir, et elle repose sur l'illusion d'une valeur positive et réelle des plaisirs sensibles.

---

13. Joannis Stobaei, *Florilegium*, Thomas Gaisford, Oxonii, 1822, vol. I, *titulus* I, § 64, p. 25-30.

14. Joannis Stobaei, *Eclogarum physicarum et ethicarum libri duo*, annotations et version latine, Goettingae, de Heeren, 1801, *Ethica*, livre II, chap. 7, p. 272 et 273. Nous traduisons : « On parle de la vertu du cordonnier, en fonction de sa capacité à faire une chaussure de bonne qualité ».

D'après cela, la pauvreté et la misère futures sont le prix auquel le prodigue achète ces plaisirs vides et fugaces, souvent même purement imaginaires, ou repaît sa suffisance vaine et sotte des courbettes de ses parasites, qui se moquent de lui en cachette, et de l'ébahissement de la populace et des envieux devant son luxe. Pour cette raison, on doit le fuir comme un pestiféré et rompre avec lui à temps après avoir découvert son vice, afin de ne pas avoir à l'aider à en supporter les conséquences quand elles arriveront par la suite, ni à jouer le rôle des amis de Timon d'Athènes. – De même, il ne faut pas s'attendre à ce que celui qui dissipe légèrement sa propre fortune laisse intacte celle d'autrui, si par hasard elle lui tombe entre les mains : [« Prodigue de son bien, avide du bien d'autrui »] a très justement noté Salluste (*Catilina*, chap. 5 [15]). La pauvreté ne conduit donc pas seulement à l'appauvrissement, mais encore elle mène par lui au crime : les criminels issus des classes aisées le sont presque tous devenus par suite de leur prodigalité. Donc, le *Coran* dit à bon droit : « Les dissipateurs sont frères des démons » (sourate 17, verset 29) (Saadi, p. 254 [16]). – L'avarice au contraire a pour conséquence l'abondance : et

---

15. Salluste, *Catilina, Jugurtha*, édition et trad. fr. A. Ernout, Paris, Les Belles Lettres, 4e éd. 1960, vers 4 : « *sui profusus, alieni adpetens* ». Il s'agit du portrait de Catilina qui brûle de prendre le pouvoir à Rome. Sans doute, Schopenhauer pensait-il à la conjuration de Catilina lorsqu'il remarque un peu plus loin que l'avarice mène au crime.

16. Le *Coran*, sourate 17, verset 29, trad. fr. R. Blachère, Paris, Maisonneuve et Larose, 1960. Le poète persan Moslicheddin Saadi (1184-1293) écrivit *Gulistan* en 1258. Schopenhauer renvoie à la p. 254 de la traduction allemande de cet ouvrage par C.H. Graf, Vienne, 1846, où est dit ceci : « Les provisions du trésor sont la bouchée des pauvres et non le mets des frères de Satan » (nous traduisons).

quand la venue de celle-ci serait-elle indésirable ? Ce doit être un bon vice que celui qui a de bonnes conséquences. En effet, l'avarice part du principe exact que tous les plaisirs ont une action seulement négative, et que, par conséquent, le bonheur qu'ils constituent est une chimère, alors qu'au contraire les douleurs sont positives et très réelles. Il se refuse alors ceux-là pour s'assurer d'autant mieux contre celles-ci : aussi la maxime « Supporte et abstiens-toi » [17] devient-elle la sienne. Et, comme il sait aussi combien sont inépuisables les possibilités de malheur et incalculables les voies dangereuses, il accumule alors les moyens de défense contre elles, pour s'entourer, si possible, d'une triple muraille de protection. Enfin, qui peut dire quand les précautions contre les accidents commencent à devenir exagérées ? Seul celui qui saurait où finit la malignité du destin. Et même si ces précautions étaient exagérées, cette erreur serait tout au plus préjudiciable à lui-même et non aux autres. S'il n'a jamais besoin des trésors qu'il a mis de côté, ils profiteront alors à d'autres auxquels la nature a accordé moins de prévoyance. Le fait que jusqu'à ce moment il soustraie l'argent de la circulation n'entraîne aucun préjudice, car l'argent n'est pas un bien de consommation : il est bien plutôt un simple représentant des biens réels, utilisables ; lui-même n'en est pas un. Les ducats ne sont même au fond que des jetons à compter : ils n'ont pas d'autre valeur que celle qu'ils représentent, mais l'avare ne peut retirer cette valeur-là de la circulation. De plus, par sa retenue d'argent, la valeur de

---

17. Aulu-Gelle, *Les Nuits attiques*, t. III, livre XVII, 19, 6, trad. fr. M. Mignon, Paris, Garnier, 1934 : « *Sustine et abstine* », ἀνεχου καὶ ἀπέχου. Conseil adressé par Épictète à ceux qui se livrent aux vices les plus graves : « le manque de patience et l'intolérance » (*ibid.*).

ce qui reste en circulation en est augmentée exactement d'autant. – Et si, comme on l'affirme, beaucoup d'avares finissent par aimer l'argent immédiatement et pour lui-même, il est en revanche tout aussi certain que beaucoup de prodigues aiment la dépense et le gaspillage directement en eux-mêmes. – Mais l'amitié ou même la parenté avec l'avare n'est pas seulement sans danger mais encore profitable, car ils peuvent apporter de grands avantages. Enfin, en tous cas, ses proches récolteront après sa mort les fruits de son empire sur lui-même, mais, même aussi de son vivant, on peut espérer quelque chose de lui en cas de grande nécessité, du moins toujours plus que du prodigue déplumé, lui-même sans ressources et endetté : [« l'homme au cœur dur donne plus que l'homme nu »], dit un proverbe espagnol. La conséquence de tout cela est que l'avarice n'est pas un vice.

B) L'avarice est la quintessence des vices ! Si les plaisirs physiques détournent l'homme du droit chemin, sa nature sensible, ce qu'il y a d'animal en lui en porte la faute. Il est entraîné par l'excitation et, vaincu par l'impression du moment, il agit sans réfléchir. – Si, au contraire, à cause de la faiblesse physique ou de l'âge, il en arrive au point où les vices qu'il ne pouvait pas abandonner l'abandonnent enfin, parce que sa capacité de jouir des plaisirs sensuels est éteinte, s'il se tourne vers l'avarice, alors l'appétit intellectuel survit à l'appétit sensuel. L'argent, comme représentant de tous les biens du monde, l'abstraction de ceux-ci, devient à présent la souche desséchée à laquelle s'accrochent ses désirs éteints comme égoïsme *in abstracto*. Ils se régénèrent désormais dans l'amour du Mammon. L'appétit sensuel fugitif est devenu avidité d'argent, réfléchie et calculatrice, laquelle est de nature symbolique, comme son objet et, comme lui, indestructible.

C'est l'amour acharné des plaisirs du monde, se survivant en quelque sorte lui-même, l'inconvertibilité totale, le plaisir charnel sublimé et spiritualisé, le foyer abstrait dans lequel tous les désirs ont fusionné, désirs auxquels il se rapporte donc comme le concept général aux choses particulières : par conséquent, l'avarice est le vice du vieillard comme la prodigalité est celui de la jeunesse.

Paragraphe 113

La *disputatio in utramque partem* [le débat pour ou contre] que nous venons d'entendre, est sans doute propre à nous pousser vers la morale du « juste milieu » [en français dans le texte] d'Aristote. Même la considération suivante y est encore favorable.

Toute perfection humaine est apparentée à un défaut dans lequel elle menace de verser, mais, inversement, tout défaut est apparenté à une perfection. Là-dessus repose l'erreur dans laquelle nous tombons vis-à-vis d'un homme : il arrive souvent qu'en faisant connaissance avec lui, nous confondons ses défauts avec les perfections qui en sont parentes, ou inversement : alors, le prudent nous semble lâche, l'économe avare ou le prodigue libéral, le grossier direct et franc, et l'effronté arborer une noble confiance en lui-même, etc. ...

Paragraphe 114

Celui qui vit parmi les hommes se sent toujours de nouveau tenté d'admettre que méchanceté morale et inca- pacité intellectuelle soient étroitement liées, parce qu'elles naîtraient directement d'*une* racine *unique*. Qu'il n'en soit pourtant pas ainsi, je l'ai démontré en détail dans le second volume de mon œuvre maîtresse (chap. 19, § 8 [18]). Cette illusion, qui vient simplement de ce qu'on les trouve toutes les deux souvent ensemble, s'explique entièrement par l'apparition très fréquente des deux ; il leur arrive par conséquent facilement de devoir habiter sous *un seul* toit. Mais il est incontestable qu'elles y collaborent pour leur avantage réciproque, et de là vient l'apparence si désagréable que bien trop d'hommes présentent, et que le monde va comme il va. La sottise est particulièrement favorable à la claire manifestation de la fausseté, de la bassesse et de la méchanceté, alors que la finesse sait mieux les dissimuler. Et, d'autre part, combien de fois la perversité du cœur de l'homme l'empêche de comprendre des vérités à la hauteur desquelles son intelligence s'élèverait parfaitement.

Cependant que personne ne s'enorgueillisse. Comme chacun, même le plus grand génie, est décidément borné à une seule sphère de la connaissance, et confirme par là son identité de race avec le genre humain essentiellement perverti et absurde, chacun porte aussi en lui quelque chose de fondamentalement mauvais sur le plan moral, et même le meilleur, oui, le plus noble caractère nous étonnera parfois par des traits individuels de méchanceté, comme pour confesser sa parenté avec le genre humain, dans lequel on trouve tous les degrés d'indignité et de cruauté même. Car, c'est précisément par ce qu'il y a de mauvais en lui, par ce principe du mal, qu'il a dû devenir un homme. Et, pour la même raison, le monde est, somme toute, comme mon fidèle miroir l'a montré.

18. *SW*, t. II, p. 293 *sq.* et *Le Monde*, supplément livre II, chap. XIX, § 8, p. 928 *sq.*

Malgré tout cela, il reste pourtant entre les hommes une différence immensément grande, et beaucoup d'hommes seraient effrayés s'ils voyaient autrui tel qu'il est. – Oh! De quel prix serait un Asmodée[19] de la moralité qui rendrait transparents, pour son favori, non seulement les toits et les murs, mais aussi le voile de dissimulation, de fausseté, d'hypocrisie, de grimaces, de mensonges et de tromperie étendu sur toutes choses, et qui ferait voir combien peu de véritable honnêteté on peut trouver dans le monde, et combien souvent aussi, là où l'on s'y attend le moins, derrière toutes les œuvres vertueuses, secrètement, dans le recès le plus intérieur, l'injustice est assise au gouvernail! – De là viennent les amitiés avec les quadrupèdes de tant d'hommes des meilleurs : car, à vrai dire, où devrait-on reprendre des forces loin de la dissimulation, de la fausseté et de la perfidie infinies des hommes, s'il n'y avait pas les chiens, dont l'honnête figure peut être regardée sans méfiance? – Notre monde civilisé n'est bien qu'une grande mascarade! On y rencontre des chevaliers, des curés, des soldats, des docteurs, des avocats, des prêtres et des philosophes et ce n'est pas tout! Mais ils ne sont pas ce qu'ils représentent : ils sont seulement des masques, derrière lesquels se cachent généralement des spéculateurs (*money-makers*). Aussi bien, l'un revêt le masque du droit qu'il s'est réservé à dessein chez l'avocat, simplement pour pouvoir mieux frapper

---

19. Asmodée, divinité mauvaise d'origine hindoue, mentionnée dans la Bible (*Tobie* 3,8). Asmodée y fait mourir successivement les sept hommes qui avaient été donnés en mariage à Sara. Schopenhauer fait allusion au livre de Lesage, *Le diable boîteux* (1707), inspiré du livre de Luiz Vèlez de Guévara, *El diablo coxuelo* (1641). Asmodée découvre à son libérateur les dessous des toits de Madrid. Schopenhauer se comparait lui-même à cet Asmodée (Lettre à Frauenstädt, 11 Juin 1948).

l'autre ; un autre encore, dans le même but, a choisi le masque du bien public et du patriotisme ; un troisième, celui de la religion, de la pureté de la foi. Pour toutes sortes de buts, beaucoup de personnes ont déjà affiché le masque de la philosophie, comme celui de la philanthropie etc. Les femmes ont moins de choix : la plupart se servent du masque de la décence, de la pudeur, de la vie domestique et de la modestie. Il y a également des masques généraux, sans caractère particulier, comme les dominos que l'on rencontre partout : la justice inflexible, la politesse, la sympathie sincère et l'amitié ricaneuse en font partie. La plupart du temps, sous tous ces masques, comme je l'ai dit, ne se cachent que des industriels, des commerçants et des spéculateurs. De ce point de vue, les marchands constituent la seule classe honnête, car, seuls, ils se donnent pour ce qu'ils sont : aussi circulent-ils sans masques, et c'est aussi pourquoi ils sont tenus à un rang inférieur. – Il est très important d'être instruit de bonne heure, dès la jeunesse, du fait qu'on se trouve au milieu d'une mascarade. Car, autrement, on ne pourra ni comprendre ni réussir beaucoup de choses, mais on se trouvera devant elles complètement déconcerté, et certes, plus longtemps que tous, celui [« dont le Titan a façonné le cœur d'une meilleure argile »[20]] : de ce genre de choses sont la faveur obtenue par la bassesse, la négligence que le mérite même le plus rare et le plus grand subit de la part des gens qui sont de la même partie, la haine de la vérité et des grands talents, l'ignorance des savants dans leur propre domaine et le fait que presque toujours la marchandise de qualité est

---

20. Juvénal, *Satires*, édition et trad. fr. P. de Labrielle et F. Villeneuve, Paris, Les Belles Lettres, 4ᵉ éd. 1950, XIV, 35 : « [cui] ex meliore luto finxit praecordia Titan ». D'après Sophocle (*Œdipe à Colone*, 56), ce Titan est Prométhée.

dédaignée, et celle dont la qualité est purement apparente, recherchée. Il faut ainsi que le jeune homme apprenne que, dans cette mascarade, les pommes sont en cire, les fleurs en soie, les poissons en carton et que tout, tout n'est que futilité et plaisanterie, – enfin que, de ces deux hommes qu'il voit là négocier si sérieusement l'un avec l'autre, le premier ne livre que de la fausse marchandise et le second ne la paye qu'avec des jetons.

Mais il faut faire des considérations plus sérieuses et dire des choses pires. L'homme est au fond un animal sauvage épouvantable. Nous le connaissons seulement dompté et apprivoisé, dans un état qui se nomme civilisation; c'est pourquoi les explosions occasionnelles de sa nature nous effrayent. Mais quand tombent le verrou et la chaîne de l'ordre légal et que commence l'anarchie, il se montre alors tel qu'il est. – En attendant, même sans cette occasion, celui qui voudrait être éclairé là-dessus, peut puiser dans une centaine de récits, anciens et modernes, la conviction que l'homme ne le cède ni au tigre ni à la hyène en cruauté et en inexorabilité. Pour le présent, un exemple de poids lui sera fourni par la réponse que la Société antiesclavagiste anglaise obtint, en 1840, de la Société antiesclavagiste de l'Amérique du Nord, à sa question concernant le traitement des esclaves dans les états esclavagistes d'Amérique du Nord : « Slavery and the internal slavetrade in the United States of North America, being replies to questions transmitted by the British Antislavery Society to the American Antislavery Society »[21] (London, 1841, 280 p.,

---

21. Nous traduisons : « L'esclavage et le commerce intérieur des esclaves dans les États-Unis d'Amérique du Nord, en réponse aux questions transmises par la Société antiesclavagiste anglaise à la Société antiesclavagiste américaine ».

in 8°, prix 4 sh., sur vélin). Ce livre constitue un des actes d'accusation les plus lourds contre l'humanité. Personne ne le posera sans épouvante, bien peu sans pleurs. Car, ce que le lecteur de ce livre peut jamais avoir entendu dire, ou pensé par lui-même, ou imaginé sur la malheureuse condition des esclaves et même sur la dureté et la cruauté humaine en général lui semblera dérisoire quand il lira comment ces démons à forme humaine, ces bigots, qui vont à l'église et observent rigoureusement le sabbat, notamment même parmi eux la prêtraille anglicane, traitent leurs frères noirs innocents qui sont tombés dans leurs griffes diaboliques par injustice et par violence. Ce livre, qui est composé de rapports secs, mais authentiques et documentés, révolte tout sentiment humain à tel point qu'on pourrait, le tenant à la main, prêcher une croisade pour l'assujettisssement et le châtiment des états esclavagistes de l'Amérique du Nord. Car ils sont la honte de l'humanité entière. Un autre exemple actuel, puisque pour beaucoup de personnes le passé ne semble plus valable, est contenu dans les *Reisen in Peru* de Tschudi (1846[22]), sur la description du traitement infligé aux soldats péruviens par leurs officiers[F]. Mais nous n'avons pas besoin de chercher des exemples dans le Nouveau Monde, ce revers de la planète ; n'a-t-on pas appris, en 1848, qu'en Angleterre, non pas *une*

F. Il y a un exemple des plus récents, dans Mac Leod, *Travels in Eastern Africa* (1860)[23], où la cruauté inouïe, froidement calculée et véritablement diabolique, avec laquelle les Portugais traitent leurs esclaves en Mozambique, est relatée.

22. Johann Jakob Von Tschudi, *Peru Reiseskizzen aus den Jahren 1838-1842*, St-Gallen, Scheitlin und Zollikofer, 1846, 2 vols. Tschudi (1818-1889), fut un naturaliste.

23. Mac Leod, *Travels in Eastern Africa*, London, 1860.

fois mais bien une centaine de fois en un court laps de temps, un époux a empoisonné l'autre, ou tous les deux ensemble leurs enfants, l'un après l'autre, ou encore qu'ils les ont martyrisés lentement jusqu'à la mort par la faim et les mauvais traitements, uniquement pour recevoir des Sociétés mortuaires (*burial-clubs*) les frais d'enterrement qui leur étaient assurés en cas de décès? À cette fin, ils avaient assuré un enfant dans plusieurs, même jusqu'à vingt sociétés de ce genre. Qu'on lise à ce sujet le «Times» du 20, 22 et 23 septembre 1848, journal qui demande instamment la suppression des Sociétés mortuaires, pour cette seule raison. Il renouvelle sa plainte avec la plus grande véhémence, le 12 Décembre 1853.

À vrai dire, des rapports de ce genre appartiennent aux pages les plus noires des dossiers criminels de la race humaine. Mais leur source et celle de tous les actes semblables est bien l'être intérieur et inné de l'homme, ce dieu κατ'ἐξοχήν [par excellence] des panthéistes. Car, avant tout, niche en chacun un égoïsme colossal, qui saute par-dessus les bornes du droit avec la plus grande légèreté, comme l'enseigne, en petit, la vie quotidienne, et, en grand, chaque page de l'histoire. Et la nécessité reconnue de surveiller si anxieusement l'équilibre européen n'est-elle pas déjà l'aveu que l'homme est un animal féroce qui, dès qu'il a découvert près de lui un animal plus faible, tombe immanquablement sur lui – et ne recevons-nous pas quotidiennement la confirmation de cela dans les petites choses? – Mais, à l'égoïsme illimité de notre nature s'associe également en chaque cœur humain une provision disponible plus ou moins grande de haine, de colère, d'envie, de bave et de méchanceté, accumulée comme le venin dans la poche de la dent du serpent et qui n'attend que l'occasion de se libérer pour se démener et faire rage comme un démon déchaîné. Si aucun motif important ne se présente pour cela, elle mettra à profit le plus minime, en le grossissant, grâce à son imagination : [«Il ne faut à leur colère qu'un prétexte, si petit qu'il soit»] Juvénal, [*Satires*] 13, vers 183[24], et elle poussera l'affaire aussi loin qu'elle le pourra et l'osera. Nous voyons cela dans la vie quotidienne où de telles éruptions sont désignées par l'expression : «déverser sa bile sur quelque chose». On a également remarqué que, lorsque ces éruptions ne rencontrent aucune résistance, le sujet s'en trouve ensuite décidément mieux. Que la colère n'aille pas sans jouissance, Aristote l'a déjà dit : «Il est doux de se mettre en colère» (*Rhétorique*, I, II[25]), là-dessus, il cite aussi un passage d'Homère qui déclare la colère plus douce que le miel. Mais, ce n'est pas seulement à la colère qu'on se livre vraiment *con amore* [avec amour], mais aussi à la haine, qui est à la colère ce que la maladie chronique est à la maladie aiguë :

> *Now hatred is by far the longest pleasure :*
> *Men love in haste, but they detest at leisure.*
> («La haine offre certainement le plaisir le plus doux :
> nous aimons fugitivement, mais nous haïssons longuement»).
> Byron, *Don Juan*, canto 13, 6[26].

---

24. Juvénal, *op. cit.*, à la note [20], XIII, 183 : «Quantulacunque adeo est occasio, sufficit irae».

25. Aristote, *Rhétorique*, livre I, II, édition et trad. fr. M. Dufour, Paris, Les Belles Lettres, 1967 : «Τὸ ὀργίζεσθαι ἡδύ» (1370b10). Aristote cite également Homère, *Iliade* XVIII, 109 : l'emportement serait «bien plus doux que le miel distillé goutte à goutte».

26. Lord Byron, *Don Juan*, intro., trad. fr. et notes A. Digeon, Paris, Aubier-Montaigne, 1955, t. II, chant XIII, 6 : «Or la haine est de beaucoup le plus durable des plaisirs; on se presse d'aimer, mais on prend tout son temps pour haïr». La traduction allemande de Schopenhauer met plus l'accent sur la douceur de la haine que sur son caractère durable.

Gobineau (*Des races humaines*[27]) a appelé l'homme « l'animal méchant par excellence » [en français dans le texte] ce que les gens prennent en mauvaise part, parce qu'ils se sentent atteints : mais il a raison ; car l'homme est le seul animal qui fasse souffrir les autres, sans autre but que précisément celui-là. Les autres animaux ne le font jamais que pour apaiser leur faim ou dans l'ardeur du combat. On répète que le tigre tue plus qu'il ne dévore, il n'égorge pourtant toutes ses proies que dans l'intention de manger, et cela tient seulement à ce que « ses yeux sont plus grands que son estomac » [en français dans le texte], comme dit le français. Aucun animal ne torture jamais uniquement pour torturer ; mais l'homme le fait, et ceci constitue le caractère *diabolique*. qui est bien pire que le caractère simplement bestial. Nous avons déjà parlé de la chose en grand, mais elle sera aussi évidente en petit où chacun a quotidiennement l'occasion de l'observer. Par exemple, si deux jeunes chiens jouent ensemble, tableau pacifique et charmant – et qu'un enfant de trois ou quatre ans survienne, il les frappera aussitôt violemment de son fouet ou de son bâton, cela presque immanquablement, montrant par là qu'il est déjà maintenant « l'animal méchant par excellence ! » [en français dans le texte]. Même la taquinerie sans but, si fréquente, et la farce naissent également de cette source. Par exemple, si l'on a quelque peu exprimé son mécontentement au sujet d'un dérangement ou d'un autre petit désagrément, il ne manquera pas de gens pour réussir à vous les causer, justement pour cette raison : « l'animal méchant par excellence » [en français dans le texte]. C'est tellement certain qu'on doit se garder

27. A. de Gobineau, *Essai sur l'inégalité des races humaines*, Paris, Firmin Didot, 2ᵉ éd. 1884, 2 vols.

d'exprimer son déplaisir à cause de petits inconvénients, et même aussi, inversement, le plaisir qu'on prend à de petites choses. Car. dans ce dernier cas, les gens feront comme ce geôlier qui, ayant découvert que son prisonnier avait réussi avec peine le tour de force d'apprivoiser une araignée et s'en réjouissait, l'écrasa du pied aussitôt : « l'animal méchant par excellence ! » [en français dans le texte] Voilà pourquoi tous les animaux craignent instinctivement le regard et même la trace de l'homme – de « l'animal méchant par excellence » [en français dans le texte] L'instinct, ici aussi, ne trompe pas : car seul l'homme chasse le gibier qui ne lui est ni utile ni nuisible. De la méchanceté humaine dans les grandes choses, j'ai déjà parlé ci-dessus, p. 178 et suivantes [p. 130 à 132].

Il y a ainsi réellement dans le cœur de chacun une bête sauvage, qui ne guette que l'occasion pour se démener et se déchaîner en faisant du mal aux autres et qui, s'ils lui barrent la route, voudrait les anéantir : c'est elle justement qui fait naître tout le plaisir du combat et de la guerre, elle justement que la connaissance, le gardien qui lui est adjoint, a constamment la lourde tâche de dompter et de contenir dans une certaine mesure. On peut bien l'appeler le mal radical : cette appellation sera utile à ceux pour qui un mot remplace une explication. Mais moi je dis : c'est la Volonté de vivre qui, de plus en plus aigrie par la souffrance perpétuelle de l'existence, cherche à apaiser son propre tourment en faisant souffrir les autres. Mais sur ce chemin elle se développe progressivement vers la méchanceté et la cruauté véritables. On peut aussi remarquer, à ce propos, que, comme la matière, d'après Kant, ne subsiste que par l'antagonisme de la force d'expansion et de contraction, la société humaine ne subsiste que par l'antagonisme de la haine ou de la colère et de la peur. Car la haine qui est dans notre nature ferait peut-être un jour de chacun de nous un meurtrier, si une bonne dose de peur ne lui était pas adjointe pour la limiter, et, en retour, cette peur seule ferait de chacun la risée et le jouet de tous les gamins si, en lui, la colère ne se tenait pas prête ni ne veillait.

Mais le plus mauvais trait de la nature humaine reste la joie maligne, parce qu'elle est étroitement apparentée à la cruauté, elle n'en diffère même, à vrai dire, que comme la théorie de la pratique, mais généralement, elle apparaît là où la compassion devrait trouver sa place, elle qui, à titre de contraire, est la vraie source de toute justice et de toute charité authentiques. En un autre sens, l'*envie* est opposée à la compassion, à savoir en tant qu'elle est provoquée par l'occasion opposée ; son opposition à la compassion repose ainsi avant tout sur l'occasion, et elle se manifeste premièrement dans le sentiment lui-même comme une conséquence de cela. C'est pourquoi justement l'envie, quoique répréhensible, est encore susceptible d'excuse, et, somme toute, humaine, tandis que la joie maligne est diabolique et sa raillerie, le ricanement de l'enfer. Elle fait son entrée, comme nous l'avons dit, justement là où la compassion devrait faire la sienne ; l'envie, au contraire, seulement là où il n'y a pas d'occasion pour la compassion, mais bien plutôt pour son opposé ; et c'est justement comme cet opposé qu'elle naît dans le cœur humain, dans cette mesure donc, elle reste encore un sentiment humain ; je crains même qu'on ne trouve personne qui en soit complètement dépourvu. Que l'homme, en effet, à la vue de la jouissance et des biens des autres ressente plus amèrement son propre manque, cela est naturel, et même inévitable, seulement cela ne devrait pas soulever sa haine contre l'homme plus favorisé : mais ceci justement constitue l'envie véritable. Mais elle devrait apparaître le moins possible dans les cas où elle n'est pas occasionnée par les dons de la chance ou du hasard ou de la faveur d'autrui, mais seulement par ceux de la nature ; puisque tout ce qui est inné repose sur un fondement métaphysique, et possède donc une justification d'un genre supérieur, étant pour ainsi dire une grâce de Dieu. Mais hélas, l'envie fait justement l'inverse : c'est vis-à-vis des qualités personnelles qu'elle se montre la plus implacable [H], de sorte que, justement, l'intelligence et même le génie doivent d'abord supplier le monde de leur pardonner, si jamais ils ne se trouvent pas dans la situation qui leur permette de le mépriser fièrement et hardiment. Si, en effet, l'envie a été excitée par la richesse, le rang ou la puissance, elle est encore souvent atténuée par l'égoïsme, celui-ci voyant qu'on peut espérer de la personne enviée, le cas échéant, aide, plaisir, assistance, protection, avancement etc., ou que, du moins par la relation avec elle, éclairé par le reflet de son rang élevé, on peut jouir soi-même de la gloire : aussi reste-t-il ici l'espoir d'obtenir encore un jour soi-même tous ces biens. Au contraire, pour l'envie qui porte sur les dons naturels et les qualités person-nelles (comme la beauté chez les femmes, l'esprit chez les hommes), il n'y a aucune consolation du premier genre ni

---

H. L'expression de la chose la plus franche et la plus forte que j'ai jamais trouvée a été donnée en termes brefs par un article du « Times ». Elle mérite d'être retenue ici : « Il n'y a aucun vice dont un homme puisse être coupable, aucune bassesse, aucune ladrerie, aucune dureté qui suscite parmi ses proches, amis ou voisins, une aussi grande indignation que son succès. C'est le seul crime impardonnable, que la raison ne peut défendre, ni l'humilité atténuer. "Si le ciel l'a béni de tels dons / N'ai-je pas raison de le détester?". C'est une expression naïve et naturelle du cœur humain ordinaire. L'homme qui écrit comme nous ne pouvons pas écrire, qui parle comme nous ne pouvons pas parler, travaille comme nous ne pouvons pas travailler, réussit comme nous ne pouvons pas réussir, a accumulé sur sa personne toutes les fautes dont un homme puisse être coupable. Abattons-le ! Pourquoi embarrasse-t-il la terre ? » (« Times », 9 Octobre 1858) [en anglais dans le texte].

aucun espoir du second; de sorte qu'il ne lui reste plus qu'à haïr amèrement et implacablement les êtres ainsi privilégiés. Son unique désir est donc de se venger sur son objet. Or, ici, elle se trouve dans une situation malheureuse où tous ses coups tombent sans force aussitôt qu'on sait qu'ils sont venus d'elle. Aussi se cache-t-elle non moins soigneusement que les péchés charnels secrets et devient-elle l'inventeur inépuisable de ruses, d'intrigues, et de stratagèmes destinés à la voiler et à la masquer afin de blesser son objet sans être vue. Elle ignorera alors, par exemple, avec la mine la plus ingénue, les qualités qui lui dévorent le cœur, elle ne les verra même pas, ne les connaîtra pas, ne les aura jamais remarquées ni n'aura entendu parler d'elles, et elle deviendra ainsi un maître en l'art de dissimuler. Avec la plus grande finesse, elle affectera de négliger comme entièrement insignifiante la personne dont les brillantes qualités lui rongent le cœur, ne s'apercevra pas du tout de son existence, et, à l'occasion, l'aura complètement oubliée. Mais, en outre, elle s'efforcera, avant tout, par de secrètes machinations, de retirer soigneusement à ces qualités toute occasion de se montrer et de se faire connaître. Puis, de l'ombre, elle émettra sur elles blâme, ironie, moquerie et calomnie, comme le crapaud qui fait jaillir d'un trou son venin. Elle n'en louera pas moins avec enthousiasme des hommes insignifiants, ou encore des œuvres médiocres, même mauvaises, dans le même genre de travaux. En un mot : elle devient un Protée en matière de stratagèmes pour pouvoir blesser sans se faire voir. Mais, à quoi bon ? L'œil exercé la reconnnaît tout de même. Elle se trahit déjà par sa crainte et sa fuite devant son objet, qui demeure ainsi d'autant plus isolé qu'il est plus brillant : c'est pourquoi les belles filles n'ont pas d'amies; elle se trahit par sa haine complètement immotivée qui, à la moindre occasion, souvent même seulement imaginaire, vient à exploser avec la plus grande violence. À quel point du reste sa famille est étendue, on le reconnaît à l'éloge universel de la modestie, cette vertu rusée, inventée au profit de la plate banalité, vertu qui, néanmoins, par la nécessité manifeste de ménager la pauvreté qui est en elle, la met justement en lumière. – À vrai dire, il n'y a rien qui flatte davantage notre amour-propre et notre orgueil que la vue de l'envie aux aguets dans sa cachette et se livrant à ses machinations, qu'on n'oublie jamais cependant que, là où est l'envie, la haine l'accompagne, et qu'on se garde de laisser l'envieux devenir un faux ami. Pour cette raison justement, la découverte de l'envie est d'importance pour notre sécurité. On doit donc l'étudier pour éventer ses pièges ; car, omniprésente, elle marche toujours incognito, ou encore elle se tient aux aguets dans les trous sombres, comme le crapaud venimeux. Au contraire, elle ne mérite ni ménagement ni compassion, mais adoptons plutôt vis-à-vis d'elle la règle suivante :

> Jamais tu ne te concilieras l'envie :
> Tu peux ainsi t'en moquer hardiment.
> Ton bonheur, ta gloire sont pour elle une souffrance :
> Tu peux donc te repaître de son tourment.

Or, si on considère la *méchanceté* humaine, comme nous l'avons fait ici, et s'il est possible de s'en effrayer, il faut aussitôt jeter les yeux sur la *misère* de l'existence humaine ; et, de même, regarder à nouveau celle-là si on est effrayé par celle-ci : on trouvera alors qu'elles se font équilibre, et on prendra conscience de l'éternelle justice en remarquant que le monde est son propre jugement dernier, et en commençant à comprendre pourquoi tout ce qui vit doit expier son existence, d'abord par la vie, ensuite par la mort. Ainsi en effet, le *malum poenae* s'accorde avec le *malum culpae*. De ce même point de vue disparaît aussi notre indignation devant *l'incapacité* intellectuelle de la plupart des gens, laquelle nous répugne si souvent dans la vie. Ainsi *miseria humana, nequitia humana* [misère humaine, iniquité humaine] et *stultitia humana* [sottise humaine] se correspondent parfaitement dans ce *Samsara*[28] des bouddhistes et sont de la même grandeur. Mais si, une fois, pour un motif particulier, nous regardons particulièrement l'une d'elles et si nous l'examinons spécialement, elle nous semblera aussitôt dépasser les deux autres en grandeur : ce n'est pourtant qu'une illusion et une simple conséquence de leur taille colossale.

Ceci est le *Samsara* et chaque chose le proclame, mais, plus que toutes choses, le monde humain comme celui en qui prédominent dans une proportion effrayante, moralement, méchanceté et bassesse, intellectuellement, incapacité et sottise. Néanmoins, dans ce monde humain, apparaissent, quoique très sporadiquement, mais avec une constance qui nous étonne toujours de nouveau, des phénomènes d'honnêteté, de bonté, de noblesse de cœur même, et aussi de grande intelligence, d'esprit penseur, de génie même. Ils ne passent jamais vraiment complètement : ils scintillent au-devant de

---

28. *Samsara*, doctrine de la transmigration, formée en Inde, commune au brahmanisme, au jaïnisme et au bouddhisme, malgré les différences d'interprétation, en particulier sur la nature de l'élément transmigrant. Le *Samsara*, en sanskrit « ensemble de ce qui circule », est un *courant* perpétuel circulaire par lequel les individus passent de réincarnation en réincarnation, selon la valeur des actes accomplis par eux (*karman*). À la justice immanente évoquée ici par Schopenhauer, correspond chez les bouddhistes le *Vipaka*, sorte de « maturation » des actes qui règle la réincarnation.

nous comme des points isolés brillants hors de la grande masse sombre. Nous devons les prendre comme un gage qu'il y a dans ce *Samsara* un bon principe sauveur, qui peut se faire jour, remplir et libérer le tout.

Paragraphe 115

Les lecteurs de mon *Éthique* savent que, pour moi, le fondement de la morale repose en définitive sur cette vérité, qui s'exprime dans le *Veda* et le *Vedanta*[29] par la formule mystique établie : «*Tat twam asi*» [Tu es cela] qui est prononcée en désignant tous les êtres vivants, qu'ils soient hommes ou animaux, et qui s'appelle alors le *Mahavakya*, la grande parole.

En réalité, on peut considérer les actions conformes à elle, par exemple la bienfaisance, comme le commencement de la mystique. Chaque acte de bienfaisance qui témoigne d'une intention pure, manifeste que celui qui l'exerce, en contradiction directe avec le monde phénoménal dans lequel un autre individu se trouve complètement séparé de lui-même, se reconnaît comme identique à celui-ci. En conséquence, tout acte de bienfaisance complètement désintéressé est une action mystérieuse, un mystère : c'est justement pour cela qu'il a fallu se réfugier auprès de diverses fictions pour en rendre compte. Après que Kant eut enlevé au théisme tous ses autres

29. *Veda* : le mot *Veda* signifie « Savoir », et il désigne 4 livres : *Rig-Veda*, *Yajur-Veda*, *Sama-Veda*, *Atharva-Veda*, qui contiennent la doctrine primitive du brahmanisme. *Vedanta* signifie « accomplissement du *Veda* » ou « exégèse secondaire » du *Veda*. Le *Vedanta* est l'une des 6 *darsana*, c'est-à-dire « point de vue classique ». Visant l'être absolu, elle professe une ontologie non dualiste (d'après M.F. Chenet, dans *Bulletin de la Société Française de Philosophie*, Paris, Vrin, 2007, p. 16).

supports, il lui laissa seulement celui-ci : le théisme fournirait la meilleure signification et la meilleure interprétation de ces actes mystérieux et de tous ceux qui leur ressemblent. Il laissa donc subsister le théisme, comme une hypothèse certes théoriquement indémontrable, mais admissible pour l'usage pratique. Mais, que sur ce point seulement, Kant ait été entièrement sérieux, j'incline à en douter. Car étayer la morale sur le théisme signifie la ramener à l'égoïsme, bien que les Anglais, et chez nous aussi les plus basses classes de la société, ne voient pas du tout la possibilité d'un autre fondement.

Ce qui a été mentionné ci-dessus, le fait de reconnaître son propre être véritable dans un autre se présentant objectivement comme un individu ressort d'une manière particulièrement belle et évidente dans les cas où un être humain déjà voué à la mort sans recours, se préoccupe encore avec un soin anxieux et un zèle actif du bien et du salut des autres. De ce genre est l'histoire bien connue d'une servante qui, mordue par un chien enragé, la nuit, dans une ferme, se considérant comme perdue sans recours, saisit alors le chien et le traîne dans l'écurie qu'elle ferme à clef, pour qu'il ne fasse plus d'autres victimes. – De même cet événement, qui eut lieu à Naples, et que Tischbein [30] a immortalisé dans une de ses aquarelles : fuyant devant la lave qui afflue rapidement à la mer, un fils porte son vieux père sur le dos ; mais quand seule une étroite bande de terre sépare encore les deux éléments destructeurs, le père ordonne à son fils de le déposer pour se sauver lui-même en courant, sans quoi tous deux seront

---

30. Il s'agit ici d'un tableau de Wilhelm Tischbein, 1751-1829, qui peignit des portraits et des scènes historiques dont la plus célèbre est « Goethe sur les ruines de Rome ».

perdus. Le fils obéit et, en s'en allant, jette encore un regard d'adieu à son père. Le tableau représente cette scène. Le fait historique que Walter Scott expose, avec sa maîtrise, dans *The Heart of Midlothian* (chap. 2 [31]) est aussi tout-à-fait du même genre : deux délinquants ont été condamnés à mort et celui qui, par sa maladresse, avait occasionné l'emprisonnement de l'autre, réussit à le libérer, dans l'église, après le sermon funèbre, en maîtrisant vigoureusement la garde, sans faire la moindre tentative pour se libérer lui-même. Bien qu'elle puisse choquer le lecteur occidental, il faut tout de même aussi raconter ici la scène représentée sur une gravure si souvent reproduite, où un soldat déjà agenouillé pour être fusillé, cherche à faire fuir son chien qui veut venir à lui en l'effarouchant avec son mouchoir. – En effet, dans tous les cas de ce genre, nous voyons un individu, qui va avec une totale certitude vers sa perte immédiate et personnelle, ne plus penser à sa propre conservation pour diriger toute sa sollicitude et son effort sur celle d'un autre. Comment la conscience pourrait-elle dire plus clairement que cette destruction n'est que celle d'un phénomène, et est ainsi elle-même un phénomène, alors qu'au contraire, l'être véritable de celui qui périt, demeuré intact, subsiste dans un autre, dans lequel le premier le reconnaît justement à ce moment avec tant d'évidence, comme le révèle son acte ? Enfin, s'il n'en était pas ainsi, si nous avions devant nous un être en voie d'anéantissement réel, comment

---

31. Walter Scott, *The heart of Midlothian*, chap. 2 (1818, c'est-à-dire un an après la disparition de la vieille prison écossaise de Midlothian). Il existe une traduction française, *La prison d'Edimbourg*, Paris, Furne et Cie, Charles Gosselin éditeurs, 1839. Le récit de cette évasion généreuse que l'auteur situe en 1736, illustre particulièrement bien pour Schopenhauer l'importance décisive de l'heure de la mort pour le salut.

celui-ci pourrait-il encore manifester un intérêt aussi intime pour le bien et la continuation d'un autre par l'extrême contention de ses forces ultimes ?

Il y a en fait deux manières opposées de devenir conscient de sa propre existence : la première, dans l'intuition empirique, comme on se la représente de l'extérieur, celle d'un être infiniment petit, dans un monde illimité dans l'espace et le temps, celle d'un être *unique* parmi les mille millions d'êtres humains qui courent çà et là sur ce globe terrestre pour bien peu de temps, se renouvelant tous les trente ans – et la deuxième, en s'enfonçant dans son propre intérieur et en devenant conscient d'être tout en tous et véritablement le seul être réel, qui, de plus, s'aperçoit encore une fois dans l'autre, qui lui est donné de l'extérieur, comme dans un miroir. Or, que le premier mode de connaissance saisisse seulement le phéno-mène par le *principio individuationis* [principe d'individua-tion], mais que le deuxième soit une conscience immédiate de soi-même comme de la chose en soi – c'est là une doctrine dans laquelle j'ai Kant de mon côté, pour la première partie, mais, pour les deux, le *Veda*. Sans doute y a-t-il, à l'encontre du dernier mode de connaissance, cette simple objection qu'elle présuppose qu'*un seul* et *même* être puisse être, en même temps, en différents lieux et cependant tout entier en chacun. Or, quoique cela soit, au point de vue empirique, l'impossibilité la plus palpable, et même une absurdité, cela n'en demeure pas moins parfaitement vrai de la chose en soi, puisque cette absurdité et cette impossibilité reposent seule-ment sur les formes du phénomème, qui constituent le *princi-pium individuationis*. Car la chose en soi, la Volonté de vivre est présente entière et indivise en chaque être, même le plus infime, aussi complètement réunie que dans tous les êtres qui jamais furent, sont et seront. Là-dessus repose justement

le fait que chaque être, même le plus infime, se dit à lui-même :
[« Que le monde périsse pourvu que je sois sauf »]. Et il est vrai
que même si tous les autres êtres périssaient, tout l'être en soi
du monde subsisterait, intact et non diminué dans cet *unique*
être restant, riant de cette destruction comme d'un tour de
prestidigitation. C'est là, à vrai dire, une conséquence *per
impossibile* avec laquelle on a également le droit de mettre
en parallèle celle-ci : si un être, même le plus infime, était
complètement anéanti, le monde entier périrait en lui et avec
lui. En ce sens, le mystique Angelus Silésius a même dit :

> Je sais que, sans moi, Dieu ne peut pas vivre un moment ;
> Si je meurs, il mourra d'un complet dénuement [32].

Mais pour pouvoir concevoir quelque peu, même d'un
point de vue empirique, cette vérité ou même la possibilité que
notre propre moi puisse exister dans un autre être, dont la
conscience est séparée et distincte de la nôtre, il nous est
permis de nous souvenir des somnambules magnétisés, dont le
moi identique, après leur réveil, ne sait rien du tout de ce que,
un instant auparavant, ils ont eux-mêmes dit, fait et souffert.
La conscience individuelle est donc un point si entièrement
phénoménal qu'il peut même naître dans le même moi deux
moi dont l'un ne sait rien de l'autre.

---

32. Johann Scheffler, dit Angelus Silesius, *Cherubinischer Wandersmann
oder Geistreiche Sinn – und Schlussreime zur göttlichen Beschaulichkeit
anleitende*, 1657, livre I, 8. – Angelus Silesius, *Le pélerin chérubique ou
aphorismes spirituels et sentences rimées pour servir d'introduction à la
contemplation de Dieu*, trad. fr. E. Susini, Paris, PUF, 1964, t. I, livre I, 8, p. 73.
Schopenhauer s'accorde en bien des points avec ce mystique qui écrivait aussi
« Étant tout ce qu'il veut – étrange est sa nature – Dieu veut tout ce qu'il est, sans
but et sans mesure » (*ibid.*, livre I, 40).

Des considérations comme celles qui précèdent ici gardent toujours dans notre Occident judaïsé quelque chose de très étrange : mais il n'en va pas de même dans la patrie du genre humain, dans ce pays où règne une tout autre foi – une foi conformément à laquelle, aujourd'hui encore par exemple, après l'enterrement, les prêtres accompagnés d'instruments, entonnent devant tout le peuple l'hymne des *Veda*, qui débute ainsi :

> L'esprit incarné, qui a mille têtes, mille yeux, mille pieds, s'enracine dans le cœur de l'homme et pénètre en même temps toute la terre. Cet être est le monde et tout ce qui fut jamais et sera. C'est ce qui croît grâce à la nourriture et qui accorde l'immortalité. C'est là sa grandeur : et, à cause de cela, il est l'esprit incarné, de tous le plus seigneurial. Les éléments de ce monde constituent *une* partie de son être, et trois parties sont l'immortalité dans le ciel. Ces trois parties se sont élevées au-dessus du monde ; mais la partie unique est restée en arrière et est ce qui jouit et ne jouit pas des fruits des bonnes et des mauvaises actions (par la migration des âmes) etc. (d'après Colebrooke, *On the religious ceremonies of the Hindus*, au t. V des *Asiatic Researches*, p. 345 dans l'édition de Calcutta et aussi dans ses *Miscellaneous essays* (vol. 1, p. 167) [33]).

Or, si on compare de tels chants avec nos livres de cantiques, on ne s'étonnera plus que les missionnaires aux bords du Gange fassent de si mauvaises affaires et, avec leurs

---

33. *Rig-Veda*, 10, 90. H.T. Colebrooke, *On the religious ceremonies of the Hindus* [*and of the brah'mens especially*], 5ᵉ vol. des *Asiatic Researches*, p. 345, d'après l'édition de Calcutta, London, 1799 ; *Miscellaneous essays*, London, Allen and Co, 1837, 2 vols. composés de divers essais publiés par l'auteur dans les *Asiatic Societies* (avec quatre préfaces à ses propres œuvres), vol. 1, p. 167.

sermons sur leur « *maker* » * ne trouvent aucun accès chez les brahmanes. Mais celui qui veut jouir du plaisir de voir

---

* « *Maker* » est l'allemand « *Macher* » et, comme celui-ci, entre fréquemment dans les mots composés, comme « *Watchmaker* », « *Shoemaker* » – « *Uhrmacher* », « *Schuhmacher* », etc. Or, « *Our maker* », « *Unser Macher* » (ce qu'on rendrait en français par « notre faiseur ») [en français dans le texte] est, dans les écrits, les sermons et la vie courante des Anglais une expression très usuelle et très aimée pour dire « *Dieu* », ce qui est, je prie de le remarquer, très caractéristique de la conception anglaise de la religion. Comment donc le brahmane, élevé dans la doctrine du *Veda* sacré, comment le *vaishya* qui s'efforce de l'égaler, oui, comment l'ensemble du peuple hindou, pénétré, grâce à elle, de la croyance en la métempsychose et en la rétribution, s'en souvenant à chaque acte de sa vie, doivent-ils être disposés si on veut leur imposer de telles idées, le lecteur informé en jugera aisément. Passer de l'éternel Brahma, qui existe, souffre, vit et espère le salut en tout être et en chaque être, à ce « *Maker* » à partir de rien, est pour les gens une difficile exigence. On ne leur fera jamais comprendre que le monde et l'homme soient un bousillage à partir de rien. C'est donc à bon droit que le noble auteur du livre, qu'il faut aussitôt louer dans sa teneur, écrit (p. 15) : « les efforts des missionnaires resteront infructueux ; aucun Hindou digne de considération ne se rendra jamais à leurs exhortations ». Du même auteur (p. 50, d'après *Darlegung der brahmanischen Grundlehren* [« *Exposé des doctrines brahmaniques fondamentales* »]) : « Espérer que les Hindous, pénétrés de ces idées, dans lesquelles ils vivent, se meuvent et sont, les abandonneront jamais pour embrasser la doctrine chrétienne, est, d'après ma ferme conviction, une espérance vaine ». Également p. 68 : « Et quand le synode entier de l'église anglaise s'occuperait de cette tâche, il ne réussirait pas vraiment à convertir, ne fût-ce qu'un *seul* homme sur mille au sein de la grande population hindoue, à moins que ce ne soit par la contrainte absolue ». À quel point cette prédiction était juste, c'est ce dont témoigne encore maintenant, 41 ans plus tard, une longue lettre dans le « Times » du 6 Novembre 1849, signée Civis, laquelle provient d'un homme qui a vécu longtemps en Inde d'après ce qui en ressort. Il y est dit entre autres choses : « À ma connaissance il n'y a pas eu, en Inde, un seul exemple d'homme dont nous puissions nous enorgueillir qui se soit converti au christianisme ; je n'ai pas connu un seul cas qui ne tournât au reproche pour la croyance adoptée et à la mise en garde pour la croyance abjurée. Les prosélytes qu'on a faits

comment, il y a quarante et un an, un officier anglais s'est
opposé hardiment et énergiquement aux prétentions absurdes
et impudentes de ces messieurs, qu'il lise la *Vindication of
the Hindoos from the aspersions of the reverend Claudius
Buchanan, with a refutation of his arguments in favour of
an ecclesiastical establishment in British India: the whole
tending to evince the excellence of the moral system of the
Hindoos by a Bengal officer* (London, 1808[34]). L'auteur y
expose avec une rare franchise les avantages des doctrines
hindoues sur les doctrines européennes. Ce petit écrit, qui
pourrait remplir à peu près cinq feuilles en allemand, méri-
terait encore maintenant d'être traduit; car il expose mieux et

jusqu'à maintenant, si peu nombreux soient-ils, ont donc seulement servi à
dissuader les autres de suivre leur exemple ». Après la contestation qui avait
suivi cette lettre, il paraît, pour la confirmer, dans le « Times » du 20 Novembre,
une deuxième lettre signée Sepahee où il est dit ceci : « J'ai servi plus de douze
ans à la présidence de Madras, et, pendant cette longue période, je n'ai jamais
vu un seul individu qui se fût converti, même formellement, de l'hindouisme ou
de l'islamisme à la religion protestante. À tel point que je m'accorde donc
entièrement avec Civis et que je crois que presque tous les officiers de l'armée
déposeront un témoignage semblable ». – Cette lettre a été également suivie
d'une vive contestation; seulement, je crois que celle-ci, si elle ne vient pas des
missionnaires, vient de leurs cousins – ce sont, en tout cas, de très pieux contra-
dicteurs. Même si tout ce qu'ils allèguent n'est pas sans fondement, j'accorde
cependant plus de confiance aux garants impartiaux cités ci-dessus. Car, en
Angleterre, l'habit rouge trouve plus créance chez moi que le noir et tout ce qui
y est dit en faveur de l'Eglise, cet asile si riche et si commode des jeunes fils sans
ressources de toute l'aristocratie, m'est suspect *eo ipso*.

34. Nous traduisons : « Défense des Hindous contre les calomnies du
Révérend Claudius Buchanan, avec une réfutation de ses arguments en faveur
d'un établissement ecclésiastique en Inde anglaise : le tout tendant à mettre
en évidence l'excellence du système moral des Hindous, par un officier du
Bengale ».

plus sincèrement qu'aucun autre que je connaisse l'influence pratique si bienfaisante du brahmanisme, son action sur la vie et sur le peuple – tout autrement que les rapports qui coulent des plumes cléricales, lesquels, justement à ce titre, méritent peu de créance. Ils s'accordent au contraire avec ce que j'ai entendu de la bouche d'officiers anglais qui avaient passé la moitié de leur vie en Inde. Car, pour savoir combien l'église anglicane, tremblant toujours pour ses bénéfices, est jalouse du brahmanisme et irritée contre lui, il faut avoir entendu les hauts cris que les évêques ont poussés il y a quelques années au Parlement, cris persistant des mois durant, et, comme les autorités des Indes orientales montraient une extrême ténacité, comme toujours en pareil cas, ils n'ont pas cessé de les reprendre, cela seulement pour quelques marques extérieures de respect que, comme il est juste, les autorités anglaises témoignaient en Inde à l'antique et vénérable religion du pays : par exemple, quand la procession passe avec les images des dieux, la garde, accompagnée de l'officier, vient courtoisement au-devant d'elle, et joue du tambour; puis, la fourniture d'un drap rouge pour couvrir le char de Jaggernaut[35], etc. Pour complaire à ces messieurs, ce dernier a été effectivement supprimé, avec l'impôt perçu sur ses pélerins. En attendant, le fait que ces porteurs de prébendes et de longues perruques, qui se nomment eux-mêmes très révérends, écument sans cesse de rage pour de telles choses, outre la manière encore complètement moyenâgeuse, mais qu'il faut qualifier aujourd'hui de grossière et de populacière dont ils s'expriment au sujet de l'antique religion de notre race, entre autres choses également,

---

35. *Jaggernaut* : nom qui désigne *Vishnu* et son temple dans un lieu de la province d'Orissa qui porte ce nom. L'idole de *Vishnu* y est promenée sur un grand char sous lequel se jettent les croyants pour mourir.

la grande colère qui les prit du fait que Lord Ellenborough, en 1845, rapporta au Bengale, en une marche triomphale, la porte de la pagode de Sumenaut, détruite en l'année 1022 par ce maudit Mahmud le Ghasnévide [36], et la remit aux brahmanes [37] – tout cela, dis-je, fait deviner qu'ils n'ignorent pas à quel point la plupart des Européens qui vivent longtemps en Inde sont attachés du fond du cœur au brahmanisme et se contentent de hausser les épaules devant les préjugés religieux et sociaux de l'Europe. « Tout cela tombe comme les écailles des yeux, dès que l'on a vécu seulement deux années en Inde » me disait une fois une de ces personnes. Même un Français, le monsieur très aimable et très cultivé qui accompagna les Devadassi (*vulgo* : bayadères) en Europe, il y a à peu près dix ans, s'écria aussitôt avec un enthousiasme ardent quand je vins à parler avec lui de la religion de ce pays : « Monsieur, c'est la vraie religion ! » [en français dans le texte].

Même la mythologie hindoue, si fantastique, et parfois même baroque, qui constitue maintenant encore la religion du peuple comme il y a des milliers d'années, n'est, si l'on va au fond des choses, que la doctrine des *Upanishads* figurée, c'est-à-dire revêtue d'images en tenant compte de la faculté de compréhension du peuple, et ainsi personnifiée et mythifiée. À partir de cette mythologie, chaque Hindou, suivant la mesure

---

36. Mahmoud le Ghasnévide : il s'agit du sultan de Perse qui fut le premier empereur musulman de l'Inde. Né à Ghazna, en Perse orientale en 999, il mourut en 1030. Sous son empire, beaucoup d'Hindous se convertirent à l'Islam.

37. Après avoir déclaré publiquement aux Hindous son souhait de les voir rentrer en possession des portes de leur temple, lord Ellenborough fut destitué de son poste de gouverneur général des Indes Orientales par le Parlement, en 1844.

de ses forces et de son éducation, découvre les traces de cette doctrine, la sent ou la devine ou la voit clairement derrière la mythologie, – tandis que le révérend anglais grossier et borné dans sa monomanie la persifle ou la blasphème – comme *idolâtrie*; lui seul, croit-il, se serait adressé à la bonne porte. L'intention du Bouddha Sakyamuni[38] était au contraire de séparer le cœur de l'enveloppe, de libérer l'éminente doctrine elle-même de toute image et de toute divinité et de rendre son pur contenu accessible et saisissable même au peuple. Il y a merveilleusement réussi, et c'est pourquoi sa religion est la plus parfaite et celle qui est représentée sur la terre par le plus grand nombre de croyants. Il peut dire avec Sophocle :

... θεοῖς μὲν κἄν ὁ μηδὲν ὢν ὁμοῦ
Κράτος κατακτήσαιτ᾽· ἐγὼ δὲ καὶ δίχα
Κείνων πέποιθα τοῦτ᾽ ἐπισπάσειν κλέος
Ajax, 767-769[39].

Ce qui est au contraire du plus haut comique, soit dit en passant, c'est la suffisance calme et souriante avec laquelle quelques serviles philosophastres allemands comme la plupart des orientalistes pédants regardent le brahmanisme et le bouddhisme du haut de leur judaïsme rationaliste. J'aimerais vraiment proposer à ces Messieurs un engagement au théâtre

---

38. Sakyamuni, «le sage des Sakya», nom du fondateur du bouddhisme, est Gautama, personnage historique, fils du chef de la tribu des Sakya, qui créa la religion nouvelle contre le brahmanisme (VIe siècle avant J.C.). Selon la tradition, il est considéré comme le septième ou le vingt-cinquième Bouddha.

39. Sophocle, *Ajax*, A. Dain (éd.), trad. fr. P. Mazou, Paris, Les Belles Lettres, 1972, t. II, vers 767-769 : «Avec l'aide d'un dieu [père], cette victoire, même un homme de rien la pourrait obtenir. C'est sans les dieux que, pour ma part, je suis bien sûr de ramener la gloire».

des singes de la foire de Francfort, si toutefois les descendants de Hanuman[40] voulaient bien les souffrir parmi eux.

Je pense que, puisque l'empereur de Chine ou le roi du Siam et les autres monarques asiatiques donnent aux puissances européennes l'autorisation d'envoyer des missionnaires dans leurs pays, ils seraient autorisés à ne le faire que sous la condition de pouvoir envoyer autant de prêtres bouddhistes dans les pays européens concernés avec les mêmes droits; ils choisiraient naturellement à cet effet ceux qui ont déjà été bien instruits de la langue européenne dont il s'agit. Nous aurions alors sous les yeux une intéressante compétition et nous verrions lesquels réussiraient le mieux.

Le fanatisme chrétien, qui veut convertir le monde entier à sa croyance est irresponsable. – Sir James Brooke (rajah de Bornéo[41]), qui a colonisé une partie de l'île de Bornéo et l'a gouvernée pendant un temps, a tenu un discours, en septembre 1858, à Liverpool, en présence d'une assemblée de la Société pour la propagation de l'Évangile, donc du centre des missions, où il dit: «Chez les Mahométans, vous n'avez fait aucun progrès, chez les *Hindous*, vous n'avez fait absolument aucun progrès, mais vous en êtes encore juste au point où vous étiez le premier jour où vous êtes entrés en Inde» («Times», 29 septembre 1858). – En revanche, les apôtres de la foi chrétienne se sont montrés très utiles et très précieux sous un autre rapport, par le fait que quelques-uns d'entre eux nous ont fourni d'excellents rapports approfondis sur le brahmanisme et le bouddhisme et des traductions fidèles et soignées des

40. *Hanuman*, singe qui joue un rôle important dans le *Ramayana*. Il est également l'emblème qui orne le char de combat d'Arjuna dans le *Mahabharata*.

41. Sir James Brooke (1803-1868), était depuis 1841 rajah de Bornéo.

livres sacrés, comme il n'aurait pas été possible de les faire si ce n'est *con amore* [en espagnol dans le texte]. Je dédie les vers suivants à ces nobles personnes :

> Vous partez comme professeurs :
> Vous revenez comme écoliers
> De votre esprit aveuglé
> Le voile y est tombé.

Nous pouvons donc espérer qu'un jour l'Europe sera purifiée de toute mythologie judaïque. Nous approchons peut-être du siècle où les peuples d'origine asiatique du rameau linguistique de Japhet reprendront les *religions sacrées de la patrie* : car, après un long égarement, ils sont redevenus mûrs pour elle.

Paragraphe 116

Après mon mémoire couronné sur la *liberté morale*[42], aucun homme pensant ne pourra plus douter qu'il faille chercher celle-ci, non pas dans la nature, mais seulement en dehors de la nature. Elle est quelque chose de métaphysique, mais dans le monde physique, une chose impossible. Par conséquent, nos actes particuliers ne sont libres en aucune façon ; le caractère individuel de chacun, au contraire, doit être considéré comme son acte libre. Il est lui-même tel, parce que, une fois pour toutes, il veut être tel. Car la Volonté est elle-même et en soi aussi en tant qu'elle apparaît dans un individu, elle décide ainsi du vouloir primitif et fondamental de celui-ci indépendamment de toute connaissance parce qu'elle la

---

42. *Essai sur le libre arbitre* (*op. cit.*, *Spec. Transc.*, note 10 et 24), chap. V.

précède. De cette dernière, elle reçoit seulement les motifs par lesquels elle développe son être et se fait connaître ou apparaît visible : mais elle est elle-même immuable en tant qu'elle se trouve hors du temps, somme toute aussi longtemps qu'elle est. Par conséquent, aucune personne, en tant qu'elle est telle qu'elle est une fois pour toutes, et au milieu de circonstances du moment, qui, de leur côté, se produisent avec une rigoureuse nécessité, ne peut absolument jamais faire autre chose que ce que, chaque fois, elle fait justement actuellement. D'après cela, tout le cours empirique de la vie d'un homme est aussi nécessairement prédéterminé [*vorherbestimmt*] dans tous ses événements, grands ou petits, que celui d'une horloge. Ceci provient au fond de ce que la façon dont l'acte métaphysique libre susdit tombe dans la conscience connaissante est une représentation qui a pour forme le temps et l'espace, au moyen desquels l'unité et l'indivisibilité de cet acte se présentent comme séparées en une série d'états et d'événements qui se produisent selon le fil conducteur du principe de raison suffisante sous ses quatre formes, et c'est justement ce qu'on appelle *nécessaire*. Mais le résultat est un résultat moral, à savoir celui-ci, que nous reconnaissons ce que nous sommes à ce que nous faisons, comme nous reconnaissons ce que nous méritons à ce que nous souffrons.

Or, de cela découle encore le fait que l'*individualité* ne repose pas seulement sur le *principio individuationis* et n'est donc pas de part en part un pur *phénomène*, mais qu'elle s'enracine dans la chose en soi, dans la volonté de l'individu : car son caractère lui-même est individuel. Or, jusqu'à quelle profondeur vont ses racines, cela fait partie de questions auxquelles je n'entreprendrai pas de répondre.

À ce sujet, le fait que Platon, à sa manière, présente l'individualité de chaque homme comme son acte libre, en le faisant naître tel qu'il est par suite de son cœur et de son caractère, grâce à la métempsychose (*Phèdre*, chap. 28; *Des lois*, 10, p. 106, ed. Bipontini[43]), mérite d'être rappelé ici. – De leur côté aussi, les brahmanes expriment sous une forme mythique la détermination immuable du caractère inné, en disant que Brahma, lorsqu'il a engendré chaque homme, a gravé sur son crâne son action et sa passion en caractères d'écriture conformément auxquels doit se dérouler le cours de sa vie. Ils indiquent les points de suture des os crâniens comme étant cette écriture. La signification de celle-ci serait une conséquence de sa vie et de son action précédentes (voyez *Lettres édifiantes*, éd. 1819, vol. 6, p. 149 et vol. 7, p. 135[44]). Cette idée semble être au fondement du dogme chrétien (même déjà paulinien) de l'élection.

Une autre conséquence de ce qui a été dit, qui se vérifie entièrement sur le plan empirique, est que tous les mérites

43. Platon, *Phèdre*, dans *Platonis Opera*, ed. Bipontini, vol. 10, 1787 (*Œuvres complètes* II, trad. fr. L. Robin, Paris, Gallimard, 1964, p. 245). *Les lois*, livre X, 904a, b, c, d (ed. Bipontini, vol. 9, 1786).

44. *Op. cit.*, à la note 4, t. 6, p. 149. Il s'agit ici d'une lettre du Père Mauduit, missionnaire de la Compagnie de Jésus au père Le Gobien de la même Compagnie, lettre datée de 1702: « Quand on leur reproche quelque vice ou qu'on les reprend d'une mauvaise action, ils répondent froidement que cela est écrit sur leur tête, et qu'ils n'ont pu faire autrement. Si vous paraissez étonné de ce langage nouveau, et que vous demandiez à voir où cela est écrit, ils vous montrent les diverses jointures du crâne de leur tête, prétendant que les sutures mêmes sont les caractères de cette écriture mystérieuse ». Au vol. 7, p. 135, le père Bouchet écrit que les caractères inscrits par Brahma sont conformes aux actions de la vie précédente et annoncent la vie future : « ... c'est là le destin auquel on ne peut résister; c'est là l'écriture fatale de Brahma » (*ibid.*).

authentiques, moraux comme intellectuels, n'ont pas simplement une origine physique ni empirique du reste mais une origine métaphysique, ils sont d'après cela donnés *a priori* et non *a posteriori*, c'est-à-dire qu'ils sont innés et non acquis, et, par conséquent, ne s'enracinent pas dans le simple phénomène, mais dans la chose en soi. Chacun accomplit donc au fond seulement ce qui est déjà irrévocablement fixé dans sa nature, c'est-à-dire justement dans son être inné. Les facultés intellectuelles ont certainement besoin de culture comme beaucoup de produits naturels ont besoin de préparation pour être consommables ou utilisables : mais, ici comme là, aucune préparation ne peut remplacer la matière première. Par conséquent, justement, toutes les qualités simplement acquises, apprises, affectées, c'est-à-dire les qualités *a posteriori*, morales et intellectuelles, sont à vrai dire inauthentiques, vaine apparence sans contenu. Or, cela découle d'une juste métaphysique, comme cela est enseigné par un regard approfondi sur l'expérience. La grande importance que tous attachent à la physionomie et à l'aspect extérieur, donc à ce qui est inné, en tout homme distingué à quelque titre que ce soit, et le grand désir qu'ils éprouvent par conséquent de le voir, témoignent justement de cela. À vrai dire, les natures superficielles et, pour de bonnes raisons, les natures communes, seront de l'avis opposé pour pouvoir espérer avec confiance que viendra encore tout ce qui leur manque. – Ainsi, ce monde n'est donc pas seulement un champ de bataille pour les victoires et les défaites duquel les prix seront distribués dans un monde futur ; mais il est déjà lui-même le Jugement dernier en tant que chacun apporte avec soi récompense et honte selon ses mérites – et le brahmanisme et le bouddhisme, en enseignant la métempsychose, ne savent rien d'autre.

Paragraphe 117

On a posé la question de savoir ce que feraient deux hommes qui auraient grandi dans le désert, chacun complètement isolé, et qui se rencontreraient pour la première fois : Hobbes, Pufendorf, Rousseau ont répondu d'une manière opposée. Pufendorf croyait qu'ils viendraient amicalement à la rencontre l'un de l'autre, Hobbes, au contraire, que leur rencontre serait hostile et Rousseau qu'ils passeraient l'un à côté de l'autre sans se parler. Tous trois ont raison et tort. Là justement, *la différence incommensurable de la disposition morale innée des individus* se montrerait dans une lumière si claire qu'il y aurait en quelque sorte ici son module et son échelle graduée. Car il y a des hommes chez qui la vue d'un homme soulève aussitôt un sentiment hostile, tandis que leur être intérieur prononce cette parole : « Ce n'est pas moi ! ». – Et il en est d'autres chez qui cette vue suscite aussitôt une sympathie amicale ; leur être intérieur dit : « C'est moi encore une fois ! ». – Dans l'intervalle se trouvent d'innombrables degrés. – Mais que nous soyons aussi fondamentalement différents sur ce point capital est un grand problème, un mystère même. Au sujet de cette apriorité du caractère moral, le livre du danois Bastholm, *Historische Nachrichten zur Kenntnis des Menschen im rohen Zustande*[45] donne matière à diverses considérations. Il est lui-même frappé par le fait que

---

45. Christian Bastholm (1740-1819) fut un théologien et un naturaliste danois. Il publia en 1803-1804 un essai historique sur l'histoire de l'homme dans l'état de civilisation et à l'état sauvage (*Kiöbenhavn*, chez J.R. Thiele). Schopenhauer se réfère ici à la traduction allemande de cet essai, à partir du danois, par H.E. Wolf, *Historische Nachrichten zur Kenntnis des Menschen in seinem wilden und rohen Zustande*, Altona, 1818-1821, 4 vols.

la culture intellectuelle et la bonté morale des nations, se présentant souvent l'une sans l'autre, s'avèrent tout à fait indépendantes l'une de l'autre. Nous expliquerons cela par le fait que la bonté morale ne naît pas du tout de la réflexion dont le développement dépend de la culture intellectuelle, mais directement de la volonté elle-même, dont la disposition est innée et qui, en elle-même, n'est susceptible d'aucune amélioration par l'éducation. Or, Bastholm dépeint la plupart des nations comme très vicieuses et mauvaises : mais il a, au contraire, à nous communiquer les traits de caractère généraux excellents de peuples isolés : comme les Orotchyses, les habitants de l'île Savoe, les Toungouses et les habitants des îles Palaos[46]. Il essaye alors de résoudre ce problème : d'où vient que des peuplades isolées soient d'une bonté si remarquable au milieu de voisins exclusivement mauvais ? Il me semble que cela pourrait s'expliquer par le fait que, les qualités morales s'héritant du père, dans les dits cas, une population ainsi isolée formée d'une seule famille est donc issue du même ancêtre, lequel était justement un homme bon, et s'est maintenue sans mélange. Les Anglais n'ont-ils pas aussi rappelé aux Américains du Nord, à l'occasion de divers événements fâcheux, comme des répudiations de dettes d'état, des razzias etc., qu'ils sont originaires d'une colonie anglaise de criminels – quoique cela ne puisse valoir que pour une petite partie d'entre eux ?

46. L'île Savoe se trouve dans l'Océan Indien, elle fait partie des îles de la Sonde. Les Toungouses sont une ethnie mongole disséminée à travers la Sibérie orientale, du Iénessei au Pacifique. Les îles Palaos sont un archipel d'îles en Micronésie, dans l'Océan Pacifique.

Paragraphe 118

C'est une chose étonnante comme l'*individualité de chaque homme* (c'est-à-dire ce caractère déterminé avec cette intelligence déterminée) comme une teinture pénétrante, imprime précisément sa qualité sur toutes ses actions et toutes ses pensées jusqu'aux plus insignifiantes ; en conséquence de quoi le cours entier de la vie c'est-à-dire l'histoire extérieure et intérieure de l'un prend une tournure si fondamentalement différente de celle de l'autre. Comme un botaniste reconnaît la plante entière à *une seule* feuille, comme Cuvier reconstruisait l'animal entier à partir d'*un seul* os, il est possible d'obtenir, à partir d'*une seule* action caractéristique d'un homme, une juste connaissance de son caractère, de le reconstruire ainsi en quelque sorte, même si cette action concerne une petite chose, ce qui est souvent alors pour le mieux, car, pour les choses plus importantes, les gens se surveillent ; pour les petites, ils suivent leur nature sans beaucoup de réflexion. Si, dans de pareils cas, un homme montre, par sa conduite égoïste absolument sans scrupules, que le sentiment de la justice est étranger à son cœur, il ne faudra alors pas lui confier une pièce de deux sous sans précautions convenables. Qui en effet croira que celui qui, dans toutes les affaires qui ne concernent pas la propriété, se montre quotidiennement injuste, et dont l'égoïsme illimité ressort partout à travers les petites actions de la vie ordinaire, dont il n'y a pas à rendre compte, comme une chemise sale à travers les trous d'une veste déchirée – qui croira qu'une telle personne sera honnête, sans autre mobile que celui de la justice, quand il sera question du mien et du tien ? Celui qui est sans scrupules dans les petites choses sera scélérat dans les grandes. – Celui qui ne prête pas attention aux petits traits de caractère devra s'en prendre à lui-même si, par la suite, il apprend à connaître à ses dépens le caractère en question par ses grands traits. Selon le même principe, il faut aussi rompre avec les soi-disants bons amis, même pour de petites choses, s'ils trahissent un caractère méchant ou mauvais ou vulgaire, pour prévenir leurs mauvais coups sérieux, qui n'attendent que l'occasion pour survenir. Cela vaut également pour les domestiques. Pensons toujours : mieux vaut être seul que parmi les traîtres !

Effectivement, le fondement et la propédeutique de toute connaissance de l'homme est la conviction que la conduite de l'homme, dans l'ensemble et pour l'essentiel, n'est pas dirigée par sa raison, ni par les desseins de celle-ci ; par conséquent, personne ne devient tel ou tel du fait qu'il le désire, si ardemment que ce soit, mais son action résulte de son caractère inné et immuable, est déterminée de près et dans les détails par les motifs, elle est donc le produit nécessaire de ces deux facteurs. On peut, en conséquence, se représenter la conduite de l'homme par la course d'une planète, comme celle-ci est le résultat de la force tangentielle qui s'y applique et de la force centripète venant de son soleil : en effet la première force y représente le caractère, la dernière l'influence des motifs. Ceci est beaucoup plus qu'une simple métaphore, en tant que, effectivement, la force tangentielle d'où résulte à proprement parler le mouvement, tandis qu'elle est limitée par la gravitation, est, prise métaphysiquement, la Volonté se représentant dans ce corps.

Or, celui qui a compris cela verra également que nous ne pouvons jamais vraiment émettre plus qu'une supposition au sujet de ce que nous ferons dans une situation future, bien que nous tenions souvent cette supposition pour une résolution. Si, par exemple, un homme, à la suite d'un projet, a consenti très sincèrement et même très volontiers à l'obligation de faire ceci ou cela quand se produiront des circonstances encore à venir, il n'est pas encore décidé du tout qu'il la remplira, à moins qu'il ne soit constitué de telle sorte que la parole donnée elle-même, en tant que telle, lui soit toujours et partout un motif suffisant, en agissant sur lui, par la considération de son honneur, comme une contrainte étrangère. Mais, en outre, ce qu'il fera, à l'arrivée de ces circonstances, peut, cependant, à soi tout seul, être déterminé à l'avance [47], avec une complète certitude, à partir d'une connaissance juste et exacte de son caractère et des circonstances extérieures, sous l'influence desquelles il tombe alors. Ceci est même très facile si on l'a déjà vu une fois dans une situation semblable : car il fera immanquablement la même chose la seconde fois, en supposant que, déjà, la première fois, il ait pris une connaissance des circonstances exacte et complète ; car, comme je l'ai souvent remarqué : [« La cause finale ne meut pas selon son être réel, mais selon son être connu »] (Suarez, *Disputationes metaphysicae*, disp. 23, sect. 7 et 8 [48]). En effet, ce qu'il n'avait ni reconnu ni compris la première fois ne pouvait alors pas influencer

47. Sur cette prédétermination voir également dans le présent ouvrage, *Spec. Trans.*, p. 76.

48. Francisci Suarez, *Opera omnia*, Berton, t. 25, 1866, Disputatio XXIII, Sectiones VII, VIII. Nous avons utilisé l'édition espagnole, *Disputationes metaphysicae*, edición y trad. S.R.R.S. Caballero Sánchez y A. Puigcerver Zanón, Madrid, Biblioteca hispanica de filosofia, 1961, vol. III, XXIII, 7 et 8, p. 772-789 : « *Causa finalis non movet secundum esse reale, sed secundum esse cognitum* ». Dans la section VII, Suarez pose la question de savoir « si le fait d'être connue est pour la fin une condition nécessaire pour qu'elle puisse exercer sa causalité finale ». Il y répond par l'affirmative, en se référant à Aristote, à Augustin, allant même jusqu'à qualifier cette connaissance de « jugement ». La citation de Schopenhauer renvoie au titre de la section VIII : « Si la fin meut selon son être réel ou selon son être connu ».

sa volonté; exactement comme un processus électrique s'interrompt si un corps isolant quelconque arrête l'action d'un conducteur. – L'immutabilité du caractère et ce qui en découle, la nécessité des actions, s'impose avec une extraordinaire clarté à celui qui, en une circonstance quelconque, ne s'est pas conduit comme il l'aurait dû, en manquant quelque peu de décision, ou de fermeté, ou de courage ou d'autres qualités exigées par le moment. Maintenant, après coup, il reconnaît et regrette sincèrement sa conduite incorrecte et pense : « Oui, si l'occasion m'était à nouveau offerte, je ferais autrement ! ». L'occasion lui est à nouveau offerte, le même cas se présente : et il refait exactement la même chose – à son grand étonnement [F].

Les drames de Shakespeare nous apportent généralement le meilleur éclaircissement de la vérité dont il s'agit ici. Car il en était pénétré et sa sagesse intuitive l'exprime *in concreto* à chaque page. Je voudrais pourtant en donner maintenant un exemple sur un cas où il la fait ressortir avec une évidence particulière, quoique sans intention ni affectation, car, en véritable artiste, il ne procède jamais par concepts, mais manifestement seulement pour satisfaire à la vérité psychologique telle qu'il la saisit intuitivement et immédiatement, sans se soucier de ce que cela ne serait bien observé et compris que par un petit nombre de personnes, et sans pressentir qu'un jour, en Allemagne, de fades compères, faibles d'esprit, explique-

F. Comparer *Le Monde*, 2, p. 226 *sq.* [49].

49. *Le Monde*, livre II, § 23. Le caractère étant irrévocablement fixé par une prédétermination qui agit comme une sorte de prédestination, l'intellect ne peut jamais en modifier la direction fondamentale : tout au plus peut-il clarifier les moyens à employer pour suivre cette direction.

raient longuement qu'il a écrit ses pièces pour illustrer des lieux communs moraux.

Ce que j'ai ici en vue à présent, c'est le caractère du comte de Northumberland, que nous voyons traverser trois tragédies, sans que lui-même apparaisse vraiment comme personnage principal ; il ne se présente que dans quelques scènes, qui sont réparties en quinze actes, de telle sorte que celui qui ne lit pas avec toute son attention, peut facilement perdre de vue ce caractère représenté à de si larges intervalles et son identité morale, bien que le poète ait gardé les yeux fixés sur lui. Il fait apparaître partout ce comte avec des manières nobles et chevaleresques, il lui prête le langage qui leur convient, il lui met même parfois dans la bouche des passages très beaux et même sublimes, bien loin de faire comme Schiller qui peint volontiers le diable en noir, et dont l'approbation ou la désap-probation morale des caractères qu'il expose résonne à travers leurs propres paroles. Mais chez Shakespeare et aussi chez Goethe, chacun, tandis qu'il est présent et parle, a pleinement raison, fût-il le diable lui-même. Qu'on compare de ce point de vue le comte Alba chez Goethe et chez Schiller[50]. – Nous faisons ainsi la connaissance du comte de Northumberland, dans *Richard II*, où il est le premier à ourdir un complot contre le roi, en faveur de Bolingbroke[51], Henri IV par la suite, qu'il flatte déjà personnellement (acte 2, scène 3[52]). À l'acte suivant, il essuie une remontrance parce que, parlant du roi, il a dit simplement « Richard », mais il assure l'avoir fait

---

50. Goethe, *Egmont*, trad. fr. A. Vulliod, Paris, Aubier-Montaigne, 1932. Schiller, *Don Carlos*, trad. fr. R. Pitrou, Paris, Aubier-Montaigne, 1934.

51. Shakespeare, *La tragédie du roi Richard II*, trad. fr., intro. et notes M. Grivelot, Paris, Aubier-Montaigne, 1965, acte II, scène 1.

52. Shakespeare, *La tragédie du roi Richard II*, acte II, scène 3.

seulement par souci de la brièveté populaire[53]. Peu après, son discours perfide pousse le roi à capituler. À l'acte suivant, au moment de l'abdication, il le traite si durement et avec un tel mépris que le malheureux monarque, quoique brisé, perd encore une fois patience et s'écrie : « Démon ! Tu me tourmentes déjà avant que je ne sois en enfer ! »[54]. À la fin de la pièce, il fait savoir au nouveau roi qu'il a envoyé à Londres les têtes coupées des partisans de son prédécesseur. – Dans la tragédie suivante, *Henri IV*, tout pareillement, il machine un complot contre le nouveau roi. Au quatrième acte, nous voyons les rebelles réunis se préparer à la bataille décisive du lendemain : ils n'attendent plus que le comte et sa troupe, avec impatience. Enfin arrive une lettre de lui : il est lui-même malade et ne peut confier son armée à personne d'autre, ils n'en doivent pas moins continuer courageusement et attaquer bravement[55]. Ils le font : mais considérablement affaiblis par son absence, ils sont complètement défaits, la plupart de leurs chefs sont faits prisonniers et son propre fils, l'héroïque Hotspur, est abattu par le prince héritier. – Dans la pièce suivante, la *Seconde partie de Henri IV*, nous le revoyons transporté par la fureur la plus sauvage à cause de la mort de son fils[56], enragé et respirant la vengeance. Aussi attise-t-il de nouveau la rébellion : les chefs de celle-ci se rassemblent encore une fois. Or au quatrième acte, au moment même où ils doivent livrer la bataille décisive et n'attendent plus qu'une chose, qu'il se joigne à eux, une lettre arrive : il n'a pas pu

---

53. Shakespeare, *La tragédie du roi Richard II*, acte III, scène 3.

54. Shakespeare, *La tragédie du roi Richard II*, acte IV, scène 1.

55. Shakespeare, *Le roi Henri IV*, Première partie, trad. fr. F. Sauvage, Paris, Les Belles Lettres, 1961, acte IV, scène 1.

56. Shakespeare, *Le roi Henri IV*, Deuxième partie, acte I, scène 1.

rassembler une armée suffisante, il cherchera donc, pour l'heure, refuge en Ecosse, il souhaite cependant de tout cœur le meilleur succès à leur entreprise héroïque[57], – là-dessus, ils se rendent au roi selon une convention qui n'est pas respectée et périssent ainsi.

Bien loin donc que le caractère soit l'œuvre du choix raisonnable et de la réflexion, l'intellect, dans l'action, n'a rien de plus à faire que de présenter les motifs à la volonté : mais ensuite, à titre de simple spectateur et de témoin, il lui faut regarder comment, à partir de leur effet sur le caractère donné, se modèle le cours de la vie, dont tous les processus, rigoureusement parlant, se font avec la même nécessité que les mouvements d'une horloge ; là-dessus, je renvoie mon lecteur à mon *Écrit couronné sur la liberté du vouloir*[58]. L'illusion qui s'y trouve néanmoins d'une liberté complète de la volonté pour chaque action particulière, je l'ai ramenée, dans ce bref ouvrage, à sa vraie signification et à son origine, et par là, j'en ai dénoncé la cause efficiente à laquelle je veux seulement ici ajouter la cause finale par l'explication téléologique suivante de cette apparence naturelle. La liberté et l'originalité [*Ursprunglichkeit*], qui, à la vérité, appartiennent seulement au caractère intelligible d'un homme, dont la simple appréhension par l'intellect est le cours de sa vie, paraissent s'attacher à chaque action particulière, de sorte que l'œuvre originale semble à la conscience empirique accomplie de nouveau dans chaque action particulière ; ainsi, le cours de notre vie en reçoit

---

57. Shakespeare, *Le roi Henri IV*, Deuxième partie, acte IV, scène 1.

58. *Essai sur le libre arbitre* (*op. cit.*, *Spec. Trans.*, note 10 et 24), chap. III. L'homme croit disposer librement de ses actions, car il ignore la puissance des motifs agissant sur lui, d'autant plus que ces motifs sont souvent abstraits.

le plus grand νουθέτησις [avertissement] moral possible, tandis que l'ensemble des mauvais côtés de notre caractère nous devient par là vraiment bien sensible. En effet, la conscience accompagne chaque acte de ce commentaire : « Tu pourrais bien agir autrement » – bien que sa signification véritable soit : « Tu pourrais bien être un autre homme ». Or, comme, d'un côté, l'immutabilité du caractère, et de l'autre, la rigoureuse nécessité avec laquelle arrivent toutes les circonstances dans lesquelles ce caractère est successivement placé, font que le cours de la vie de chacun est complètement et exactement déterminé de A à Z, mais comme pourtant, le cours de la vie de l'un dans toutes ses déterminations, tant subjectives qu'objectives, se déroule incomparablement plus heureusement, plus noblement et plus dignement que celui de l'autre ; cela conduit, si on ne veut pas éliminer toute justice, à la supposition fermement établie dans le brahmanisme et le bouddhisme que les conditions tant subjectives qu'objectives, *avec* lesquelles et *au milieu* desquelles chacun est né, sont la conséquence morale d'une existence antérieure.

Machiavel, qui semble ne pas s'être occupé du tout de spéculations philosophiques, est conduit, grâce à la perspicacité pénétrante de son intelligence si unique, au jugement suivant d'une profonde vérité, qui présuppose une connaissance intuitive de la nécessité totale avec laquelle se font les actions, le caractère et les motifs étant donnés. Le prologue de sa comédie *Clizia* commence par ce jugement : « Se nel mondo tornassino i medesimi uomini, come tornano i medesimi casi, non passarebbono mai cento anni, che noi non ci trovassimo un altra volta insieme, a fare le medesime cose, che hora » (« Si les mêmes hommes revenaient dans le monde comme y reviennent les mêmes événements, il ne se passerait jamais cent années sans que nous nous retrouvassions ensemble une autre fois, à faire tout à fait les mêmes choses que maintenant »[59]). Là-dessus, il semble pourtant avoir été guidé par une réminiscence de ce que dit Augustin, *De Civitate Dei* (livre 12, chap. 13[60]).

Le *Fatum*, l'εἱμαρμένη des Anciens, n'est même rien d'autre que la certitude portée à la conscience que tous les événements sont fermement liés par la chaîne causale et arrivent donc avec une nécessité rigoureuse, en conséquence de quoi l'avenir est déjà parfaitement fixé, certainement et exactement déterminé, et il est aussi peu susceptible d'être changé sur un point quelconque que le passé. On peut seulement considérer la prévision de l'avenir dans les mythes fatalistes des Anciens comme fabuleuse – si nous faisons abstraction de la possibilité de la clairvoyance magnétique et de la

---

59. Machiavel, *Œuvres Complètes*, intro. J. Giono, édition et notes Ed. Barincou, Paris, Gallimard, 1952 : *Clizia*, Prologue, p. 237.

60. Saint Augustin, *Œuvres*, n°35, 5ᵉ série, *La Cité de Dieu* (livres XI-XIV), trad. fr. G. Combès, Dombart et Kalb. (éd.), Paris, Desclée de Brouwer, 4ᵉ éd. 1959, livre XIII, chap. 13 et 14. Au chapitre 13, Augustin démontre que le problème de l'origine du monde se pose dans les mêmes termes, que l'homme et le monde soient anciens ou récents. C'est au chapitre 14-1, qu'il évoque la conception cyclique du temps qui était celle des anciens philosophes. La réalité du salut, comme passage de la misère à la félicité éternelle réfute cette conception en même temps qu'elle atteste l'irréversibilité du temps. Au chapitre 14-2, Augustin déclare que les paroles de l'*Ecclésiaste* (I, 9, 10) ne confirment pas la circularité du temps ni le retour éternel des mêmes hommes et des mêmes situations, (comme par exemple, Platon enseignant à nouveau ses disciples à l'Académie). Sur l'interprétation de ce passage de l'*Ecclésiaste*, il note également ceci, qui a une grande importance pour la pensée de Schopenhauer : « Selon d'autres, il est vrai, ce que le sage a voulu dire en ce texte, c'est que tout est déjà arrivé dans la prédestination de Dieu : par suite, il n'y a rien de nouveau sous le soleil » (*ibid.*).

seconde vue. Au lieu de vouloir écarter la vérité fondamentale du fatalisme par un bavardage superficiel et de niais subterfuges, on devrait chercher à la comprendre et à la reconnaître bien clairement ; car elle est une vérité démontrable qui livre une importante donnée pour la compréhension de notre existence si énigmatique.

Prédestination et fatalisme ne diffèrent pas pour l'essentiel, mais seulement en ceci que le caractère donné et la détermination de l'acte humain venue de l'extérieur, proviennent, dans celle-là d'un être connaissant, dans celui-ci, d'un être dépourvu de connaissance. Ils se rencontrent dans le résultat : il arrive ce qui doit arriver. En revanche, le concept d'une *liberté morale* est inséparable de celui d'*originalité* [*Ursprunglichkeit*]. Car, qu'un être soit l'œuvre d'un autre, et que, de plus, il soit *libre* dans son vouloir et dans son acte, on peut bien le dire, mais on ne peut pas réussir à le penser. Celui qui, en effet, l'a appelé du néant à l'existence, a justement par là créé et fixé en même temps son essence, c'est-à-dire, l'ensemble de ses propriétés. Car on ne peut jamais au grand jamais créer sans créer *quelque chose*, c'est-à-dire un être exactement déterminé en tous points et dans toutes ses propriétés. Mais, des propriétés ainsi fixées découle ensuite nécessairement l'ensemble des manifestations et des actions de cet être, celles-ci n'étant rien d'autre que la mise en jeu de ces mêmes propriétés qui avaient seulement besoin d'une occasion extérieure pour se manifester au-dehors. Tel *est* l'homme, tel il doit agir : ainsi faute et mérite ne s'attachent pas à ses actions particulières, mais à son essence et à son être. Théisme et responsabilité morale de l'homme sont donc inconciliables ; puisque justement la responsabilité retombe toujours sur l'auteur de l'être, comme au lieu où elle a son centre de gravité. C'est en vain qu'on a cherché à jeter un pont entre ces deux termes inconciliables grâce au concept de la liberté morale de l'homme : ce pont s'écroule toujours de nouveau. L'être *libre* doit être aussi l'*original*. Si notre volonté est *libre*, alors elle est aussi l'être *premier*, et vice-versa. Le dogmatisme prékantien, qui voulait tenir séparées ces deux catégories, était par là même contraint d'admettre *deux* libertés, à savoir celle de la première cause du monde pour la cosmologie et celle de la volonté humaine pour la morale et la théologie : conformément à cela, la troisième antinomie chez Kant traite autant de la *liberté* que la quatrième.

Dans *ma* philosophie, au contraire, la reconnaissance impartiale de la nécessité rigoureuse des actions s'accorde avec la doctrine selon laquelle, même dans les êtres dépourvus de connaissance, ce qui se manifeste est la *Volonté*. Sinon, la nécessitation évidente dans l'action de ceux-ci mettrait ce qui s'y manifeste en contradiction avec le vouloir, si une telle liberté de l'action individuelle était réellement donnée et si celle-ci n'était pas aussi rigoureusement nécessitée que tous les autres effets. – D'autre part, comme je viens de le montrer, cette même doctrine de la nécessitation des actes de la volonté impose que l'existence et l'essence de l'homme elles-mêmes soient l'œuvre de sa liberté, donc de sa volonté, que celle-ci ait donc de l'aséité. En effet, dans la supposition contraire, toute responsabilité serait supprimée, comme je l'ai montré, et le monde moral comme le monde physique serait une simple machine, que son fabricant, situé à l'extérieur, ferait marcher pour son propre amusement. – Ainsi les vérités s'enchaînent toutes ensemble, s'appellent, se complètent, alors que l'erreur se heurte à tous les angles.

Paragraphe 119

De quelle sorte est l'influence que l'*enseignement moral* peut avoir sur la conduite, et quelles en sont les limites, je l'ai suffisamment examiné au § 20 de mon traité sur *Le Fondement de la morale*[61]. L'influence de l'*exemple* est essentiellement analogue, bien qu'elle soit plus puissante que celle de l'enseignement; elle mérite donc bien une courte analyse.

L'exemple agit tout d'abord soit en retenant soit en incitant. Dans le premier cas, il détermine l'homme à s'abstenir de ce qu'il ferait volontiers. Il voit en effet que d'autres ne le font pas; d'où il conclut en général que ce n'est pas prudent, que cela pourrait bien mettre en danger sa propre personne, sa fortune ou son honneur : il s'en tient là et se voit avec plaisir dispensé de recherche personnelle. Ou alors il voit bien qu'un autre qui l'a fait en supporte les mauvaises conséquences : c'est l'exemple terrifiant. Quand, au contraire, il incite, l'exemple agit de deux manières : ou bien il pousse l'homme à faire ce dont il s'abstiendrait volontiers tout en redoutant pourtant que cette abstention ne puisse l'exposer à quelque danger ou lui nuire dans l'opinion des autres – ou bien il agit de manière à l'encourager à faire ce qu'il ferait volontiers mais dont il s'abstenait jusqu'ici par peur du danger et de la honte : c'est l'exemple tentant. Enfin, l'exemple peut encore l'amener à quelque chose qui, sans cela, ne lui serait même jamais venu à l'esprit. Manifestement, il agit dans ce cas directement sur l'intellect seul : l'effet sur la volonté y est secondaire et, s'il se produit, sera obtenu par l'intermédiaire d'un acte de jugement personnel ou par la confiance en celui qui donne l'exemple.

---

61. *Le Fondement de la morale*, *op. cit.*, note 1, § 20, p. 207, « La diversité des caractères au point de vue moral ».

– L'effet dans l'ensemble très fort de l'exemple repose sur le fait que l'homme, en règle générale, a trop peu de jugement, souvent aussi trop peu de connaissance, pour chercher lui-même son chemin ; il marche donc volontiers sur les traces des autres. Par conséquent, chacun est d'autant plus ouvert à l'influence des autres que ces deux qualités lui font plus défaut. Conformément à cela, l'étoile qui guide la plupart des hommes est l'exemple d'autrui et tous leurs faits et gestes se réduisent à une simple imitation, dans les grandes comme dans les petites choses : ils ne font pas la plus petite chose selon leur propre estimation. La cause en est leur crainte devant toute espèce de réflexion et leur méfiance justifiée envers leur propre jugement. En même temps, cet instinct d'imitation, d'une force si frappante chez l'homme, témoigne aussi de sa parenté avec les singes. Imitation et habitude sont les ressorts de la plupart des actes des hommes. Mais le mode d'action de l'exemple est déterminé par la caractère de chacun : aussi le même exemple peut-il avoir sur l'un un effet tentateur, et sur l'autre, un effet dissuasif. Certaines mauvaises manières sociales qui n'existaient pas auparavant et se répandent progressivement nous donnent facilement l'occasion d'observer cela. En remarquant pour la première fois l'une d'elles, l'un pensera : « Fi, comment peut-on faire cela ! Quel égoïsme, quelle absence de scrupules ! Vraiment, je me garderais bien d'agir jamais de la sorte ». Mais vingt autres penseront : « Ah, ah ! S'il fait cela, je puis bien le faire aussi ».

Au point de vue moral, l'exemple, tout comme l'enseignement, peut certes favoriser l'amélioration civile ou légale, mais non l'amélioration intérieure, laquelle est proprement morale. Car l'exemple n'agit jamais qu'en tant que motif personnel, en présupposant donc la prédisposition à ce genre

de motifs. Mais ceci justement, la prédisposition prépondé-
rante d'un caractère à tel ou tel genre de motifs, est décisif pour
la moralité proprement dite et véritable de ce caractère,
laquelle n'est jamais qu'innée. Généralement, l'exemple agit
comme moyen favorable à la manifestation extérieure des
bonnes et des mauvaises propriétés du caractère : mais il ne les
crée pas. Le mot de Sénèque donc, ici aussi, tient bon : [« Le
vouloir ne s'apprend pas »] (*Épîtres* 81, 14[62]). Le caractère
inné de toutes les qualités morales authentiques, bonnes et
mauvaises, s'accorde mieux à la doctrine de la métempsychose
des brahmanes et des bouddhistes en vertu de laquelle « les
bonnes et les mauvaises actions de l'homme le suivent comme
son ombre d'une existence à l'autre » qu'au judaïsme qui exige
que l'homme vienne au monde comme un zéro moral pour
décider alors, en vertu d'un inconcevable *liberi arbitrii
indifferentiae* [liberté d'indifférence], en conséquence d'une
réflexion raisonnable donc, s'il veut être un ange ou un démon,
ou, sinon, quelque chose d'intermédiaire – cela, je le sais très
bien, mais je n'en tiens nullement compte : car, mon étendard
est la vérité, n'étant justement pas professeur de philosophie,
je ne me reconnais donc pas pour tâche exclusive et primor-
diale de mettre en sûreté les idées fondamentales du judaïsme
quand même elles devraient barrer pour toujours la route à
toute connaissance philosophique. *Liberium arbitrium indifferentiae*, sous le nom de « liberté morale », est une charmante
marionnette pour les professeurs de philosophie : il faut la leur
laisser – à ces gens spirituels, honnêtes et sincères.

---

62. Sénèque, *Lettres à Lucilius*, t. III, F. Préchac (éd.), trad. fr. H. Noblot,
Paris, Les Belles Lettres, 1962, Lettre 81, 14 : *Velle non discitur.*

TABLE DES MATIÈRES

ARTHUR SCHOPENHAUER

LE SENS DU DESTIN

Imprimerie de la Manutention à Mayenne – Mars 2009 – N° 13-09
Dépôt légal : 1ᵉ trimestre 2009

Imprimé en France